W0281465

Spar-Rezepte unter 10 Mark

MOEWIG

Die Rezepte sind - wenn nicht anders angegeben - für 4 Personen berechnet.
Umschlagfoto: Kartoffelpizza (Rezept S. 141)

VPM Verlagsunion Pabel Moewig KG, Rastatt

Umschlagentwurf und -gestaltung:
Werbeagentur Zeuner, Ettlingen
Umschlagfoto: Ceres/Maass
Fotos im Innenteil: Ceres Verlag/Thomas Diercks,
Hamburg; Herbert Maass, Hamburg;
Christiane Pries, Borgholzhausen
Printed in Germany
Druck und Bindung:
Graphischer Großbetrieb Pößneck GmbH
ISBN 3-8118-1293-9

Inhaltsübersicht

Seite

Tips und Tricks, die sparen helfen 6
Saison-Kalender 8
Kochen mit Resten 9
Suppen und Eintöpfe 15
Eierspeisen 33
Fisch 47
Fleisch 63
Geflügel 85
Gemüse 105
Kartoffeln 127
Nudeln 145
Reis 163
Mehlspeisen 181
Rezeptverzeichnis 188

Tips und Tricks, die sparen helfen

Die Auswahl der Lebensmittel:
Wie bereits gesagt: Es muß nicht immer Kaviar sein, auch mit „einfachen" Lebensmitteln läßt es sich gut, schmackhaft und phantasievoll kochen.
Die preiswerte Küche ist schon immer die saisonale gewesen. Wenn man auch das ganze Jahr über fast alle Obst- und Gemüsesorten bekommen kann, so sind sie in der Haupterntezeit immer noch am günstigsten und – am besten. Kochen Sie also deftige Kohlgerichte im Winter, schwelgen Sie im Frühjahr in zarten Möhrchen und Kohlrabi, genießen Sie die breite Palette der Sommer- und Herbstgemüse. Um Ihnen die Auswahl zu erleichtern, wenn Sie nicht ohnehin über einen eigenen Garten verfügen, haben wir für Sie auf der übernächsten Seite einen Saison-Kalender für Obst und Gemüse zusammengestellt. Ihm können Sie die Hauptangebotsmonate für die einzelnen Sorten entnehmen. Gerade beim Gemüse sind die jahreszeitlichen Preisschwankungen enorm.
Auch bei der Hauptzutat vieler Gerichte, beim Fleisch, läßt sich erheblich Geld sparen: Verwenden Sie preisgünstige Stükke wie Nacken, Schulter, Beinscheiben und Bauch. Besonders günstig sind Schälrippchen und Ochsenschwanz und, nicht zu vergessen, die breite Palette der Innereien. Dazu kommt das in vielfacher Form verwendbare Hackfleisch. Gerade beim Fleisch gilt es, die Sonderangebote zu nutzen. Hierzu zählen natürlich auch Geflügelsorten wie Hähnchen und Pute. Die tiefgefrorenen werden übrigens meist günstiger angeboten als Frischware.

Der Einkauf:
Wer preisbewußt einkaufen will, hat die Vorarbeit bereits geleistet, bevor er das Lebensmittelgeschäft oder den Supermarkt betritt. Machen Sie sich einen Küchenplan für eine Woche oder mindestens für 3 bis 4 Tage. Sehen Sie sich die Anzeigenangebote in den Tageszeitungen und die Wurfsendungen der einzelnen Läden an und beziehen Sie die Sonderangebote in Ihren Kochplan mit ein. Bei großen Preisunterschieden lohnt es sich außerdem, in verschiedenen Geschäften einzukaufen. Das ist meist auch nicht viel zeitaufwendiger, da die großen Supermärkte häufig dicht beieinander liegen. Nach dem Kochplan folgt die Einkaufsliste, eventuell mit einem Alternativvorschlag, falls das eine oder andere Produkt bereits vergriffen ist. So gewappnet können Sie den Laden betreten. Sie sollten es übrigens nicht hungrig tun, denn Hunger oder Appetit sind die besten Verführer für unkontrolliertes Einkaufen. Die Versuchung ist natürlich auch dann noch groß und die Verkaufsstrategie der Supermärkte ausgefeilt: Es gilt die Preisgünstigkeit der Angebots-Sonder-Tische genau zu überprüfen. Häufig sind die in den Regalen einsortierten Produkte günstiger. Bei Angebotsware sollte immer auf das Mindesthaltbarkeitsdatum geachtet werden. Teurere Waren gleicher Produktgruppen werden übrigens gern in Augenhöhe plaziert, die preiswerteren befinden sich im Regal darunter. Bücken lohnt sich also. Vergleichen Sie auch Pakkungsinhalt nach Grammangaben mit dem Preis. Geschickte Verpackung täuscht häufig mehr Inhalt vor, als tatsächlich vorhanden ist. Durch die recht eindringliche, wenn auch kaum noch wahrgenommene, Hintergrundmusik soll das Einkaufserlebnis gesteigert werden. Wenn Sie sich also dabei ertappen, völlig beschwingt irgendwelche Dinge in Ihren Wagen zu häufen, die Sie nicht brauchen, vielleicht auch nie brauchen werden, laden Sie sie ganz schnell wieder aus und bringen Sie sie zurück ins Regal.
Es macht sich bezahlt, all diesen psychologischen Verkaufsmethoden zu trotzen.
Wer seinen Bedarf an Obst und Gemüse auf dem Wochenmarkt deckt, stößt häufig auf Angebote, die es auch hier zu nutzen gilt. In diesem Fall sollten Sie ganz flexibel Ihren Küchenplan umstellen.

Energiebewußt kochen:
Energiesparen beginnt in der Küche mit dem richtigen Topf. Dieser soll die Hitze bestmöglichst leiten und halten. Der ideale Topf ist plan, und zwar im heißen Zustand. Folglich muß er im kalten Zustand einen leicht nach innen gewölbten Boden haben. Am besten hält ein Mehrschichten- oder Sandwichboden die Hitze. Am meisten Energie sparen Sie zweifelsohne im Schnellkochtopf: bei kurzkochenden Gerichten zwischen 30 und 40 Prozent, bei langkochenden Gerichten zwischen 50 und 60 Prozent. Dazu kommt, daß Sie mehrere Bestandteile eines Menüs, beispielsweise Kartoffeln und Gemüse in den einzelnen Einsätzen gleichzeitig garen können. Die Anschaffung eines Schnellkochtopfes lohnt sich also und macht sich schnell bezahlt. Daß ein Topf auf eine Herdplatte gleicher Größe gestellt wird, ist selbstverständlich. Bei Elektroplatten haben Sie die Möglichkeit, die Restwärme zu nutzen, indem Sie etwa 5 Minuten vor Beendigung der Garzeit die Platte ausstellen. Der Gas-Herd ist von vornherein energiesparender, da er keine Anheiz-Zeit benötigt. In beiden Fällen kann man aber vom sogenannten „Turmkochen" Gebrauch machen, wenn es darum geht, Beilagen warm zu halten: Stellen Sie einfach die Töpfe übereinander auf die umgedrehten Deckel.
Nutzen Sie den vollen Backofenraum aus: Wählen Sie Beilagen, die Sie zur gleichen Zeit wie das Hauptgericht garen können, wie beispielsweise Ofenkartoffeln oder ein Gemüse-Auflauf zum Braten.

Geschickte Vorratshaltung:
Wer eine Gefriertruhe oder einen Gefrierschrank besitzt, hat den Vorteil ohnehin erkannt und friert meist Früchte und Gemüse, die er zur Hauptangebotszeit gekauft hat, auf Vorrat ein. Ebenso lohnenswert ist es, Fleisch- und Geflügel-Sonderangebote zu nutzen, das heißt in großen Mengen einzukaufen, frisch oder gefroren, und portionsweise einzufrieren. Wenn Sie eine größere Aktion planen, sollten Sie Ihr Gerät rechtzeitig auf die Stufe „Super" stellen, damit die Lebensmittel rasch eingefroren werden. So wird die Bildung von großen Eiskristallen und damit eine Qualitätsminderung vermieden. Wichtig ist außerdem, daß die Lebensmittel möglichst luftdicht verschlossen werden. Und vergessen Sie nicht, alles mit dem Einfrierdatum zu versehen, denn das Gefriergut ist nicht unbegrenzt haltbar: Fleisch und Geflügel kann im Durchschnitt 6 Monate, Fisch 4 Monate, Früchte 10 Monate, Gemüse 10 Monate und Fertiggerichte etwa 3 Monate in der Gefriertruhe gelagert werden. Fertige Gerichte sind übrigens eine weitere Möglichkeit, sich Vorrat anzulegen. Nutzen Sie Sonderangebote von Fleisch und Gemüse, bereiten Sie sie zu und frieren Sie sie dann in Portionen ein. Sie sparen dadurch Energie und Zeit. Vorratshaltung beinhaltet übrigens nicht nur das Einfrieren und Einmachen von Lebensmitteln, sondern ebenso das Lagern bereits haltbarer Produkte: Nudeln, Reis, Hülsenfrüchte und Konserven können in Familienpackungen gekauft und meist bis zu einem Jahr auf Lager gelegt werden. Weniger zur Vorratshaltung, aber zur sparsamen Selbstversorgung zählt das Ziehen von Kräutern, das auch jeder Nicht-Gartenbesitzer bewerkstelligen kann: Säen Sie Kräuter im Blumentopf, so haben Sie nur einmal die Investition und das ganze Jahr über frische Gewürze zur Verfügung.

Saison-Kalender

Gemüse	Jan.	Febr.	März	April	Mai	Juni	Juli	Aug.	Sept.	Okt.	Nov.	Dez.
Auberginen	○	○	○	○	●	●	●	●	●	○	○	○
Blumenkohl	○	○	●	●	○	●	●	●	●	●	○	○
Broccoli	●	●	●	○	○					○	●	●
Chicorée	●	●	○	○						○	●	●
Chinakohl	●	○	○	○	○	○	○	○	●	●	●	●
Endiviensalat	●	●	●	●	○	○	○	○	○	●	●	●
Erbsen				○	○	●	●	●	○			
Feldsalat	●	●	○	○					○	●	●	●
Grüne Bohnen				○	○	○	○	○	○	○	○	○
Grünkohl	●	○	○							○	●	●
Kartoffeln	○	○	○	○	●	●	●	●	●	●	●	○
Kohlrabi				○	●	●	●					
Kopfsalat	○	○	○	○	●	●	●	●	●	○	○	○
Kürbis									●	●		
Möhren	●	○	○	○	○	○	○	○	●	●	●	●
Paprika	○	○	○	○	○	○	●	●	●	●	○	○
Porree	●	●	○	○			○	●	●	●	●	●
Rosenkohl	●	●	○	○						●	●	●
Rote Bete	○	○							●	●	●	○
Rotkohl	●	●	●	○	○	○	○	●	●	●	●	●
Salatgurken	○	○	○	○	●	●	●	●	●	●	●	○
Schwarzwurzeln	●	●	○							○	●	●
Sellerie	●	●	●	○	○	○	○	○	○	●	●	●
Spinat			○	●	●	●	○	○	●	●	○	○
Steckrüben	●	●	○							●	●	●
Tomaten	○	○	○	○	○	○	●	●	●	○	○	○
Weißkohl	●	●	●	○	○	○	○	●	●	●	●	●
Wirsing	●	●			○	○	●	●	●	●	●	●
Zucchini	○	○	○	○	●	●	●	●	●	○	○	○

Obst	Jan.	Febr.	März	April	Mai	Juni	Juli	Aug.	Sept.	Okt.	Nov.	Dez.
Äpfel	●	●	●	○	○	○	○	○	●	●	●	●
Ananas	●	●	●	●	○	○	○	○	●	●	●	●
Aprikosen						○	●	●	○			
Birnen	●	○						○	●	●	●	●
Brombeeren							○	●	●	○		
Erdbeeren				○	●	●	●	○				
Heidelbeeren							○	●	●			
Himbeeren						○	●	●	○			
Johannisbeeren						○	●	○	○			
Kirschen						○	●	○				
Mirabellen							○	●	○			
Orangen	●	●	●	●	○				○	○	●	●
Pfirsiche						○	●	●	○			
Pflaumen							○	●	●	●		
Rhabarber			○	●	●	●	○					
Stachelbeeren						●	●	○				
Weintrauben	○	○	○	○	○	○	○	●	●	●	●	○

● = Hauptsaison, ausgesprochen preiswert ○ = Nebensaison, weniger preiswert

Kochen mit Resten

Überraschungs-Suppe mit Knoblauchbrot

2 Packungen tiefgekühlten Rahmspinat (je 450 g)	in einem Topf bei kleiner Hitze auftauen lassen
etwa 400 g Reste von beliebigen Aufläufen	im Mixer fein pürieren, mit dem aufgetauten Spinat vermischen, zum Kochen bringen, mit
1 l Milch	verdünnen
	für die Knoblauchbrote
50 g Margarine	mit
50 g Butter	
1 abgezogenen, zerdrückten Knoblauchzehe	
1 Teel. Salz	verrühren, auf
4 Scheiben Brot	streichen, auf dem Rost in den vorgeheizten Backofen schieben
Strom:	Etwa 225
Gas:	4 – 5
Backzeit:	Etwa 10 Minuten. Die Brote heiß zur Suppe servieren.

Gefüllte Zucchini

4 große Zucchini	waschen, der Länge nach durchschneiden, aushöhlen, das Fruchtfleisch in Würfel schneiden
1 mittelgroße Zwiebel	abziehen, in Würfel schneiden
2 Eßl. Speiseöl	erhitzen, die Zwiebel darin anbraten, Zucchinifleisch dazugeben, mit
Salz frisch gemahlenem schwarzen Pfeffer gerebeltem Thymian	würzen, etwa 5 Minuten dünsten lassen
1 Knoblauchzehe	abziehen, zerdrücken, mit dem Zucchinifleisch vermengen, mit
etwa 500 g Risotto-Resten	verrühren, die Mischung in die Zucchinihälften füllen
8 Eßl. Semmelmehl	darüberstreuen, mit
8 Eßl. Speiseöl	beträufeln, die Zucchini in eine feuerfeste Form geben, auf der mittleren Schiene in den vorgeheizten Backofen schieben
Strom:	Etwa 225
Gas:	4 – 5
Backzeit:	Etwa 30 Minuten.

Gefüllte Knödel in Tomaten-Soße

330 g Knödelpulver (halb und halb)	mit
750 ml (¾ l) Wasser	anrühren, etwa 10 Minuten quellen lassen
etwa 300 g Fleischreste (von Braten, Wurst, Frikadellen, Schinken)	in Würfel schneiden die Knödelmasse in 16 Portionen teilen, jede Portion zu einem Knödel formen, dabei etwa 1 Eßl. Fleischreste in die Mitte des Knödels geben Wasser in einem großen Topf zum Kochen bringen, Knödel einlegen, aufkochen lassen, etwa 20 Minuten ziehen lassen, die Knödel mit einem Schaumlöffel aus dem Wasser nehmen
	für die Tomaten-Soße
2 Zwiebeln	abziehen, in kleine Würfel schneiden
50 g fetten Speck	in Würfel schneiden, in einer Pfanne auslassen, Zwiebeln hinzugeben, hellbraun braten lassen
850 g Tomaten (aus der Dose)	pürieren, in die Pfanne geben, etwa 10 Minuten einkochen lassen, mit
6 Eßl. Kondensmilch	verrühren, mit
1 Prise Zucker Salz, Pfeffer gerebeltem Basilikum	abschmecken, über die Knödel gießen.
Beigabe:	Gurken-Salat.

Rouladen-Gratin

	Eine flache Auflaufform mit
6 Scheiben Frühstücksspeck	auslegen
2 – 3 Rouladen	in dünne Scheiben schneiden, auf den Speck geben
150 g Speisequark	mit
2 Eßl. Kräuter-frischkäse 3 Eigelb Salz, Pfeffer	cremig rühren
3 Eiweiß	steif schlagen, unter die Quarkmasse ziehen, auf die Rouladen streichen, in den vorgeheizten Backofen schieben
Strom:	Etwa 225, **Gas:** 4 – 5
Backzeit:	Etwa 25 Minuten.
Beigabe:	Butter-Nudeln, Grüner Salat.

Gestockte Nudelnester

	Ein Backblech mit Alufolie – blanke Seite nach oben – auslegen, mit
1 Eßl. Speiseöl	einfetten
	aus
etwa 400 g gekochten Nudeln	auf dem Blech acht Nester mit Rand legen
etwa 250 g Gemüsereste	mit
150 g Wurstwürfeln	vermengen, in die Nester geben, in jedes Nest eins von
8 Eiern	geben, Blech vorsichtig in den vorgeheizten Backofen schieben
Strom:	Etwa 225, **Gas:** 4 – 5
Backzeit:	Etwa 15 Minuten.
Beigabe:	Tomaten-Salat.

Bunte Brotrolle mit Käse-Soße

300 g Brotreste	in Würfel schneiden
40 g Margarine	zerlassen, die Brotwürfel darin goldbraun braten, mit
200 ml (⅕ l) Milch	begießen, etwa 15 Minuten weich werden lassen
4 Eier	mit
geriebener Muskatnuß	
½ Teel. Salz	
2 Eßl. gehackter Petersilie	verschlagen, mit den eingeweichten Brotwürfeln vermischen
etwa 250 g Fleischreste von Braten oder Gulasch	kleinschneiden, mit
etwa 250 g Gemüseresten	in die Brotmasse geben, vermengen, die Masse in einen großen Kochbeutel füllen, zur Rolle drücken, ein Stück oberhalb der Rolle fest verschließen, Wasser in einem großen Topf zum Kochen bringen, Beutel hineingeben, zum Kochen bringen, etwa 40 Minuten leicht kochen lassen die Rolle aus dem Beutel nehmen, auf eine Platte legen, in Scheiben schneiden
	für die Käse-Soße
30 g Margarine	zerlassen
30 g Weizenmehl	unter Rühren so lange darin erhitzen, bis es hellgelb ist
250 ml (¼ l) Instant-Fleischbrühe	
250 ml (¼ l) Milch	nach und nach hinzugießen, mit einem Schneebesen durchschlagen, darauf achten, daß keine Klumpen entstehen, zum Kochen bringen, etwa 10 Minuten kochen

etwa 100 g Käsereste zerkleinern, in die Soße geben, Käse schmelzen lassen (die Soße darf nicht mehr kochen), mit
geriebener Mußkatnuß
Pfeffer, Salz
Worcestersauce abschmecken.
Beigabe: Grüner Salat.
Tip: Hat man vom Fleisch noch Soßenreste, kann man sie mit in die Käsesoße geben.

Reste-Pie

Etwa 500 g gemischte Reste von Fleisch, Gemüse, Beilagen mit
100 ml (1/10 l) Kondensmilch verrühren, mit
Worcestersauce würzen
2 Eßl. Schnittlauchröllchen unterrühren, in eine gefettete Auflaufform geben
3 Portionen Instant-Kartoffelpüree nach der Vorschrift auf der Packung mit Wasser bzw.
Milch zubereiten
100 g Käsereste reiben oder in kleine Würfel schneiden, zur Hälfte mit dem Püree vermengen, in die Form geben, glattstreichen, mit dem übrigen Käse bestreuen, die Form auf der mittleren Schiene in den vorgeheizten Backofen schieben
Strom: Etwa 200, **Gas:** Etwa 3
Backzeit: Etwa 40 Minuten.
Beigabe: Gemischter Salat.

Arme Ritter „Cordon bleu"

Etwa 500 g altgebackenes Graubrot in acht 2 cm dicke Scheiben schneiden, in jede Scheibe eine Tasche schneiden, mit
500 ml (½ l) Milch begießen, 5 – 10 Minuten weichen, abtropfen lassen, jeweils eine Scheibe von
8 Scheiben Mortadella mit einer Scheibe von
8 Scheiben Schmelzkäse zusammenlegen, in die Brottasche schieben
1 Ei verschlagen, die Brotscheiben zunächst darin, dann in
etwa 50 g Semmelmehl wenden
50 g Margarine zerlassen, die Brotscheiben von beiden Seiten darin goldbraun braten.
Beigabe: Tomaten-Soße oder Käse-Soße, saure Gurken.
Tip: Reste der Einweichmilch lassen sich gut für die Käse-Soße weiterverwenden.

Krümel-Kirsch-Michel

250 g Reste von Kuchen oder Keksen	reiben, mit
250 ml (¼ l) Rotwein	begießen
50 g Margarine	mit
4 Eigelb	schaumig rühren, mit
100 g geriebenen Nüssen	vermengen, unter die Krümelmasse ziehen
etwa 700 g Sauerkirschen (aus dem Glas)	abtropfen lassen, den Saft auffangen, Kirschen mit dem Teig vermengen
4 Eiweiß	steif schlagen, unter die Masse ziehen, eine Auflaufform mit
1 Eßl. Margarine	ausfetten, mit
1 Eßl. Küchenbrösel	ausstreuen, die Masse einfüllen, auf der mittleren Schiene in den vorgeheizten Backofen schieben
Strom:	Etwa 200, **Gas:** Etwa 3
Backzeit:	Etwa 60 Minuten
2 Teel. Speisestärke	mit
6 Eßl. Kirschsaft	anrühren
	den restlichen Kirschsaft zum Kochen bringen, angerührte Stärke einrühren, 1 Minute aufkochen lassen, die Soße heiß oder kalt zum Auflauf reichen.

Quark-Reis-Auflauf

4 säuerliche Äpfel	schälen, halbieren, Kerngehäuse entfernen, die Apfelhälften in
125 ml (⅛ l) Wasser	mit
3 Eßl. Zucker	in etwa 15 Minuten fast weich dünsten lassen, in eine Auflaufform setzen, mit
8 Teel. Johannisbeer-Marmelade	füllen, mit
gemahlenem Zimt	bestreuen
250 g gekochten Reis	mit
100 g Speisequark	
100 ml (1/10 l) Kondensmilch, 10%	
4 Eigelb	
2 Eßl. Zucker	verrühren
3 Eiweiß	steif schlagen, unter den Reis ziehen, über die Äpfel geben, die Form in den vorgeheizten Ofen schieben
Strom:	Etwa 200, **Gas:** Etwa 3
Backzeit:	Etwa 45 Minuten.

Suppen und Eintöpfe

Schlesische Kartoffel-Suppe

(Foto Seite 17)

1 mittelgroße Zwiebel	abziehen, würfeln
75 g durchwachsenen Speck	in Würfel schneiden
2 – 3 Eßl. Speiseöl	erhitzen, Zwiebeln und Speck darin andünsten
½ Sellerieknolle	schälen, waschen, in Würfel schneiden
1 Stange Porree	gründlich waschen, in Scheiben schneiden, evtl. nochmals waschen
500 g Kartoffeln	schälen, waschen, in Würfel schneiden das Gemüse zu der Speck-Zwiebel-Masse geben, mitdünsten lassen
1 l Wasser	hinzugießen
3 gestrichene Eßl. klare gekörnte Brühe	unterrühren, zum Kochen bringen, in etwa 30 Minuten gar kochen lassen, mit
frisch gemahlenem weißen Pfeffer	würzen
2 Paar Knoblauchwürste **2 – 3 Gewürzgurken**	die beiden Zutaten in Scheiben schneiden, kurz vor Beendigung der Garzeit in die Suppe geben, miterhitzen.

Erbsen-Suppe mit Schweinebauch

375 g ungeschälte Erbsen	waschen, in
1 ½ l Wasser	12 – 24 Stunden einweichen
500 g geräucherte Schweinerippe **250 g Schweinebauch (ohne Knochen)**	
	das Fleisch unter fließendem kalten Wasser abspülen, mit den Erbsen in dem Einweichwasser zum Kochen bringen, in etwa 1 Stunde fast weich kochen lassen
375 g Kartoffeln	schälen, waschen, in Würfel schneiden
1 Bund Suppengrün	putzen, waschen, kleinschneiden beide Zutaten zu den Erbsen geben, mit
Salz **frisch gemahlenem weißen Pfeffer** **gerebeltem Liebstöckel**	würzen, zum Kochen bringen, in etwa 30 Minuten gar kochen lassen die Suppe mit Salz, Pfeffer abschmecken das kleingeschnittene Fleisch in die Suppe geben, nach Belieben mit
gehackter Petersilie	bestreuen.

Schlesische Kartoffelsuppe, Rezept S. 16

Westfälisches Blindhuhn, Rezept S. 21

Feurige Tomatensuppe, Rezept S. 28

Schwäbische Wurstsuppe, Rezept S. 29

Westfälisches Blindhuhn

(Foto Seite 18)

200 g Weiße Bohnen	waschen, 12 – 24 Stunden in
1½ – 2 l Wasser	einweichen, in dem Einweichwasser zum Kochen bringen
400 g durchwachsenen Speck	hinzufügen, zum Kochen bringen
300 g Grüne Bohnen	abfädeln, waschen, in kleine Stücke brechen
250 g Möhren	putzen, schrappen, waschen
750 g Kartoffeln	schälen, waschen beide Zutaten kleinschneiden
2 Äpfel **2 Birnen**	beide Zutaten schälen, vierteln, entkernen, in Würfel schneiden die fünf Zutaten nach etwa 1 Stunde Kochzeit zu den Bohnen und dem Speck geben, zum Kochen bringen, mit
Salz **frisch gemahlenem weißen Pfeffer**	würzen, noch etwa 30 Minuten kochen lassen den Speck herausnehmen, in Streifen schneiden, wieder in den Eintopf geben
150 g durchwachsenen Speck	in feine Würfel schneiden, auslassen
2 Zwiebeln	abziehen, fein würfeln, in dem Speckfett goldgelb anbraten den Eintopf in einer vorgewärmten Schüssel anrichten, Speck- und Zwiebelwürfel dazureichen.

Grüne Bohnen-Suppe

500 g Grüne Bohnen (vorbereitet gewogen)	waschen, in Stücke brechen oder schneiden
2 – 3 Kartoffeln	schälen, waschen, in Würfel schneiden
1 Zweig Bohnenkraut	abspülen die drei Zutaten in
1½ l Instant-Fleischbrühe	geben, zum Kochen bringen, etwa 25 Minuten kochen lassen (Bohnenkraut entfernen)
2 – 3 Eßl. Weizenmehl	mit
1 Becher (150 g) saure Sahne	verrühren, die Suppe damit binden, mit
Salz **frisch gemahlenem weißen Pfeffer**	abschmecken
1 Ring Fleischwurst (etwa 500 g)	enthäuten, in Würfel schneiden, in die Suppe geben, miterhitzen
gehackte Petersilie	über die Suppe streuen.

Niederrheinische Erbsen-Suppe

375 g Erbsen	waschen, in
2 l Wasser	12 – 24 Stunden einweichen
375 g Schweinenacken	unter fließendem kalten Wasser abspülen Erbsen und Schweinenacken in dem Einweichwasser zum Kochen bringen, fast weich kochen lassen, das Fleisch herausnehmen, in Würfel schneiden
500 g Kartoffeln	schälen, waschen, in Würfel schneiden, in die Suppe geben
1 Möhre	putzen, schrappen
1 Stange Porree	putzen
1 Stück Sellerie	schälen die drei Zutaten waschen, kleinschneiden, mit
500 ml (½ l) Instant-Fleischbrühe	zu den Erbsen geben, zum Kochen bringen, in etwa 2 Stunden gar kochen lassen die Suppe mit
Salz frisch gemahlenem weißen Pfeffer gerebeltem Majoran	abschmecken die Fleischwürfel wieder in die Suppe geben, miterhitzen
2 mittelgroße Zwiebeln	abziehen, würfeln
75 g durchwachsenen Speck	in kleine Würfel schneiden, auslassen, die Zwiebeln darin goldgelb andünsten, in die Suppe geben.

Altdeutsche Kartoffel-Suppe

700 g mehlig-kochende Kartoffeln	schälen, waschen
1 Stück Sellerie	schälen, waschen
3 Möhren	putzen, schrappen, waschen die drei Zutaten in kleine Würfel schneiden
50 g Margarine	zerlassen, Möhren- und Selleriewürfel darin kurz andünsten, mit den Kartoffelwürfeln in
1½ l Instant-Fleischbrühe	geben
1 mittelgroße Zwiebel	abziehen, mit
1 Lorbeerblatt 1 Nelke	spicken, die Zwiebel in die Brühe geben, zum Kochen bringen, zugedeckt etwa 20 Minuten kochen lassen
1 Stange Porree	putzen, gründlich waschen, in Scheiben schneiden, in die Suppe geben, etwa 10 Minuten mitkochen lassen die gespickte Zwiebel entfernen etwa ⅓ der Kartoffelwürfel aus der Suppe schöpfen, pürieren, mit

125 ml (⅛ l)	
Schlagsahne	verrühren, wieder hineingeben, erhitzen, die Suppe mit
Salz	
frisch gemahlenem	
weißen Pfeffer	
gerebeltem Majoran	
geriebener	
Mußkatnuß	würzen
200 g Champignons	putzen, waschen, gut abtropfen lassen, in Scheiben schneiden
1 mittelgroße	
Zwiebel	abziehen, fein würfeln
50 g Margarine	zerlassen, die Zwiebelwürfel darin goldgelb andünsten, die Champignons hinzufügen, etwa 5 Minuten dünsten lassen, in die Kartoffel-Suppe geben, noch etwa 5 Minuten miterhitzen
2 Eßl. feingehackte	
Kräuter (Kerbel,	
Schnittlauch,	
glatte Petersilie)	darüber streuen.

Bunte Finken

250 g Weiße Bohnen	waschen, in
1 l Wasser	12 – 24 Stunden einweichen
250 g Schweinebauch	unter fließendem kalten Wasser abspülen, mit Haushaltspapier trockentupfen,
2 Eßl. Margarine	zerlassen, die Fleischwürfel darin von allen Seiten anbraten
2 mittelgroße	
Zwiebeln	abziehen, fein würfeln
2 Stangen Porree	putzen, waschen, in Scheiben schneiden, evtl. nochmals waschen
1 Kohlrabi	schälen, waschen, in Würfel schneiden
2 große Möhren	putzen, schrappen, waschen, in Scheiben schneiden
	das Gemüse zu dem Fleisch geben, durchdünsten lassen
	die Bohnen mit dem Einweichwasser hinzufügen, zum Kochen bringen, etwa 1 Stunde kochen lassen
500 g Kartoffeln	schälen, waschen, in kleine Würfel schneiden
250 g Brechbohnen	abfädeln, waschen, einmal durchbrechen
1 – 2 Stengel	
Bohnenkraut	abspülen
	die drei Zutaten in die Suppe geben, zum Kochen bringen, weitere 20 Minuten kochen lassen
	den Eintopf kräftig mit
Salz	
Zucker	
frisch gemahlenem	
weißen Pfeffer	abschmecken, mit
gehackter Petersilie	bestreut servieren.

Linsen-Suppe mit Streuseln

200 g Backpflaumen	in
750 ml (¾ l) Wasser	12 – 24 Stunden einweichen, in dem Einweichwasser zum Kochen bringen, in etwa 25 Minuten gar kochen, abtropfen lassen
250 g Linsen	waschen
500 g geräucherte Rippchen	unter fließendem kalten Wasser abspülen, mit den Linsen in
1½ l Wasser	geben, zum Kochen bringen, in etwa 1 Stunde fast weich kochen lassen
2 Kartoffeln	schälen, waschen, in Würfel schneiden
1 Bund Suppengrün	putzen, waschen, kleinschneiden
	beide Zutaten zu den Linsen geben, mit
Salz	
Pfeffer	würzen, in 25 – 30 Minuten gar kochen lassen
	die Rippchen von den Knochen lösen, das Fleisch mit den Backpflaumen in die Suppe geben
	für die Streusel
1 Ei	
Salz	mit soviel
Weizenmehl	verarbeiten, daß Streusel entstehen, in die Suppe geben, in 10 – 15 Minuten garziehen lassen.

Quer durch den Garten

1 Kohlrabi	schälen
4 Möhren	putzen, schrappen
½ Knolle Sellerie	schälen
1 Stange Lauch	putzen
	die vier Zutaten waschen, in kleine Würfel schneiden
½ Blumenkohl	putzen, in Röschen teilen, waschen
350 g Grüne Bohnen	abfädeln, waschen, in Stücke brechen
80 g durchwachsenen Speck	in Würfel schneiden
1 – 2 Zwiebeln	würfeln
50 g Margarine	zerlassen, die Speckwürfel darin ausbraten, die Zwiebelwürfel hinzufügen, hellgelb dünsten lassen, das Gemüse hinzufügen, mitdünsten lassen
1½ l Instant-Fleischbrühe	hinzugießen, zum Kochen bringen, etwa 40 Minuten kochen lassen
2 Tomaten	in Würfel schneiden (Stengelansätze entfernen), hinzufügen, den Eintopf in etwa 10 Minuten gar kochen lassen, mit
Salz	
Pfeffer	würzen.

Porree-Eintopf

1 kg Porree (etwa 10 Stangen)	putzen, das dunkle Grün bis auf etwa 10 cm entfernen, den Porree längs halbieren, in etwa 1 cm breite Streifen schneiden, gründlich waschen, abtropfen lassen
2 Möhren	putzen, schrappen, waschen, in Scheiben schneiden
1 Stück Sellerie	schälen, waschen
1 Zwiebel	abziehen
750 g mehlig-kochende Kartoffeln	schälen, waschen
75 g durchwachsenen Speck	
	die vier Zutaten in Würfel schneiden
1 Eßl. Speiseöl	erhitzen, die Speckwürfel darin ausbraten, Möhrenscheiben, Sellerie- und Zwiebelwürfel darin andünsten die Kartoffelwürfel
1 l Instant-Fleischbrühe	
2 geräucherte Mettwürstchen	hinzufügen, zum Kochen bringen, etwa 20 Minuten kochen lassen, die Porreestreifen hinzufügen, mit
Salz	
frisch gemahlenem weißen Pfeffer	
etwas Fleischbrühe	hinzugießen, zum Kochen bringen, 5 – 7 Minuten kochen lassen die Mettwürstchen aus dem Eintopf nehmen, in Scheiben schneiden, wieder in den Eintopf geben den Porree-Eintopf mit Salz, Pfeffer abschmecken.

Steckrüben-Eintopf

500 g Schweinebauch	unter fließendem kalten Wasser abspülen, trockentupfen, in kleine Würfel schneiden
1 kg Steckrüben	schälen, waschen, in Stifte schneiden
750 g Kartoffeln	schälen, waschen, in Würfel schneiden
40 g Margarine	erhitzen, das Fleisch unter Wenden schwach darin bräunen
2 Zwiebeln	abziehen, würfeln, kurz bevor das Fleisch genügend gebräunt ist, die Zwiebeln hinzufügen, kurz mitbräunen lassen das Fleisch mit
Salz	
frisch gemahlenem weißen Pfeffer	würzen, Steckrüben, Kartoffeln,
500 ml (½ l) Wasser	hinzufügen, in etwa 1 Stunde gar schmoren lassen den Eintopf mit Salz, Pfeffer abschmecken, mit
gehackter Petersilie	bestreuen.

Borschtsch

(Russische Rote Bete-Suppe)

1 kg Rote Bete	waschen, schälen, in Würfel schneiden, mit
Salz	bestreuen, einige Zeit stehenlassen
2 l Wasser	zum Kochen bringen
500 g Suppenfleisch	waschen, mit
250 g durchwachsenem Speck	in das kochende Wasser geben, zum Kochen bringen etwa 1½ Stunden kochen lassen
100 g Zwiebeln	abziehen
250 g Kartoffeln	schälen, waschen
250 g Sellerieknolle	putzen, schälen, waschen die drei Zutaten in kleine Würfel schneiden
250 g Wirsing	putzen, waschen, in kleine Stücke schneiden
1 Stange Porree	putzen, halbieren, gründlich waschen, in Streifen schneiden, evtl. nochmals waschen nach 1½ Stunden Kochzeit das Fleisch aus der Brühe nehmen, in kleine Würfel schneiden, mit den übrigen Zutaten wieder in die Brühe geben, noch etwa 1 Stunde kochen lassen, die Suppe mit
Salz, Pfeffer Speisewürze 2 – 3 Eßl. Essig Worcestersoße	abschmecken
1 Becher (150 g) saure Sahne	verrühren, auf die Suppe geben, nach Belieben mit
gehackter Petersilie	bestreuen.

Suppentopf „Provencale“

250 g Schweinefleisch	waschen, abtrocknen, in Streifen schneiden
etwa 3 Eßl. Speiseöl	erhitzen, das Fleisch darin bräunen lassen
1 Zwiebel 1 Knoblauchzehe	die beiden Zutaten abziehen, fein würfeln, zu dem Fleisch geben, mitdünsten lassen
1¼ l Instant-Fleischbrühe	hinzugießen, zum Kochen bringen
etwa 750 g Kartoffeln	schälen, waschen, in kleine Würfel schneiden, mit
450 g tiefgekühltem Suppengemüse	unaufgetaut in die Brühe geben, zum Kochen bringen, in etwa 20 Minuten gar kochen lassen
5 Tomaten	kurze Zeit in kochendes Wasser geben, in kaltem Wasser abschrecken, enhäuten, die Tomaten in Stücke schneiden kurz vor Beendigung der Kochzeit in die Suppe geben, mit
Salz Pfeffer gerebeltem Thymian gerebeltem Basilikum	abschmecken.

Ungarische Sauerkraut-Suppe

75 g durchwachsenen Speck	in Würfel schneiden
40 g Schweineschmalz	erhitzen, die Speckwürfel darin ausbraten
2 Zwiebeln	
2 Knoblauchzehen	beide Zutaten abziehen, würfeln, zu dem Speckfett geben, andünsten
750 g Sauerkraut	lockerzupfen, mit
1 l Instant-Fleischbrühe	
½ Teel. Kümmel	
1 Lorbeerblatt	
4 geräucherten Mettwürstchen	hinzufügen, zum Kochen bringen, etwa 20 Minuten kochen
400 g Weiße Bohnen (aus der Dose)	abtropfen lassen, mit
70 g Tomatenmark	
1 Eßl. Paprika edelsüß	hinzufügen, mit
Salz, Pfeffer	würzen, zum Kochen bringen, 5 – 10 Minuten kochen lassen, mit Salz, Pfeffer, Paprika abschmecken, vor dem Servieren
75 g Crème fraîche	auf die Suppe geben.

Minestrone

(Italienische Gemüse-Suppe)

1 Zwiebel	abziehen, würfeln
4 Eßl. Speiseöl	im offenen Schnellkochtopf erhitzen, die Zwiebelwürfel darin glasig dünsten
100 g Möhren	
100 g Sellerieknolle	
100 g Weißkohl	
1 Stange Porree	
	das Gemüse putzen (Möhren schrappen), waschen, in Streifen schneiden
½ Kopf Blumenkohl	von Blättern, schlechten Stellen und dem Strunk befreien, in Röschen teilen, waschen
3 enthäutete Tomaten	vierteln, das Gemüse zu den Zwiebelwürfeln geben, kurz durchdünsten
1½ l Instant-Fleischbrühe	hinzugießen, zum Kochen bringen
100 g Spaghetti	in kleine Stücke brechen, mit
1 Eßl. Tomatenmark	in die Suppe geben, den Schnellkochtopf schließen, etwa 10 Minuten garen lassen, die Minestrone mit
Salz, Pfeffer	würzen
2 Knoblauchzehen	abziehen, zerdrücken, mit
1 Eßl. Schweineschmalz	in die Suppe rühren, mit
Parmesan-Käse	bestreuen.

Feurige Tomaten-Suppe

(Foto Seite 19)

75 g durchwachsenen Speck	in Würfel schneiden
3 Eßl. Speiseöl	erhitzen, die Speckwürfel darin bräunen lassen
5 große Zwiebeln	abziehen, würfeln, in dem Speckfett glasig dünsten
1 Paprikaschote	halbieren, entstielen, entkernen, die weißen Scheidewände entfernen, die Schote waschen, in Würfel schneiden
150 g Sauerkraut	fein hacken, mit dem Paprika zu den Zwiebelwürfeln geben, mitdünsten lassen
750 ml (¾ l) Instant-Fleischbrühe	hinzugießen, zum Kochen bringen, etwa 5 Minuten kochen
5 Knoblauchzehen	abziehen, auspressen oder fein hacken
1 kg Tomaten	kurze Zeit in kochendes Wasser legen (nicht kochen lassen), in kaltem Wasser abschrecken, enthäuten, die Stengelansätze herausschneiden, die Tomaten in Würfel schneiden, mit den Knoblauchzehen in die Suppe geben, zum Kochen bringen, noch etwa 5 Minuten kochen
100 g Tomatenmark	mit
125 ml (⅛ l) Weißwein	unterrühren, die Suppe zum Kochen bringen, noch etwa 5 Minuten kochen lassen, mit
½ Teel. Rosenpaprika	
Salz	
Zucker	würzen
75 g durchwachsenen Speck	in Scheiben schneiden, in einer Pfanne ohne Fett knusprig braun braten, auf die Suppe geben
2 Eßl. Weinbrand	erhitzen, über die Suppe geben, anzünden (flambieren).

Paprika-Sahne-Suppe

4 Paprikaschoten	halbieren, entstielen, entkernen, die weißen Scheidewände entfernen, Schoten waschen, in Streifen schneiden
400 g Zwiebeln	abziehen, fein würfeln
400 g Sauerkraut	lockerzupfen, fein schneiden
4 Eßl. Speiseöl	erhitzen, die Zwiebeln darin hellgelb dünsten, Paprika, Sauerkraut hinzufügen, miterhitzen
2 l heiße Instant-Fleischbrühe	hinzugießen, zum Kochen bringen, in etwa 20 Minuten gar kochen lassen
1 – 2 Eßl. Speisestärke	mit
1 Eßl. kaltem Wasser	anrühren, die Suppe damit binden, mit
Salz	
1 – 2 Eßl. Weißwein	abschmecken
etwa 125 ml (⅛ l) Schlagsahne	unterrühren.

Schwäbische Wurst-Suppe

(Foto Seite 20)

1 l Wasser	zum Kochen bringen
3 gestr. Eßl. klare gekörnte Brühe	unterrühren
250 g Kartoffeln	schälen, waschen, in Würfel schneiden, mit
gerebeltem Majoran	in die Fleischsuppe geben, zum Kochen bringen, in etwa 30 Minuten gar kochen
150 – 200 g verschiedene Wurstsorten (Blutwurst, Fleischwurst, Schinkenwurst, Schwartenmagen)	in kleine Stücke schneiden, in die Suppe geben, kurz miterhitzen, mit
Pfeffer	
Streuwürze	abschmecken
	kurz vor dem Servieren
geröstete Zwiebelwürfel	über die Suppe verteilen.

Hühner-Suppe mit Reis

1 küchenfertiges Suppenhuhn (1 kg)	waschen, zusammen mit
Herz	
aufgeschnittenem Magen	
Hals	
Geflügel-Gewürz	
gerebeltem Liebstöckel	
1 Teel. Suppenwürze	in
2 l kochendes Salzwasser	
	geben, zum Kochen bringen, in etwa 1½ Stunden gar kochen lassen
	das Huhn aus der Brühe nehmen
500 g Kartoffeln	schälen, waschen, in Würfel schneiden
1 Bund Suppengrün	putzen, waschen, kleinschneiden, mit den Kartoffeln,
150 g Langkornreis	in die kochende Brühe geben, zum Kochen bringen, in etwa 30 Minuten gar kochen lassen
	kurz vor Beendigung der Kochzeit die
Leber	hinzufügen
	das Hühnerfleisch von den Knochen lösen, die Haut entfernen, das Fleisch kleinschneiden
	kurz vor dem Anrichten in die Suppe geben, mit
Salz	
Pfeffer	
geriebener Muskatnuß	abschmecken, mit
1 Eßl. gehackter Petersilie	bestreuen.

Kürbis-Suppe

650 g Kürbis	schälen, das Mark mit einem Löffel auskratzen, entkernen, den Kürbis in kleine Würfel schneiden
1 Zwiebel	abziehen, fein würfeln
2 Eßl. Margarine	zerlassen, Kürbis- und Zwiebelwürfel darin andünsten
250 ml (¼ l) Instant-Fleischbrühe	hinzugießen, zum Kochen bringen, zugedeckt etwa 10 Minuten kochen lassen, durch ein Sieb streichen, mit
Salz frisch gemahlenem schwarzen Pfeffer Zucker Essig	abschmecken
1 Eßl. fein gehackte Kräuter (z. B. Petersilie, Schnittlauch)	unterrühren, nach Belieben
½ abgezogene zerdrückte Knoblauchzehe	hinzufügen, die Suppe nochmals kurz erhitzen.

Kohlrabi-Suppe

	Von
3 – 4 Kohlrabi (etwa 1 kg)	die Blätter entfernen, die kleinen Blätter beiseite legen die Kohlrabi schälen, waschen, in Würfel schneiden
2 – 3 Möhren (etwa 250 g)	putzen, schrappen, waschen, in Scheiben schneiden
1 Steckrübe (etwa 500 g)	schälen, waschen, in Würfel schneiden
1 mittelgroße Zwiebel	abziehen, würfeln
2 – 3 Eßl. Margarine	zerlassen, die Zwiebelwürfel darin glasig dünsten lassen, die Steckrübenwürfel hinzufügen, durchdünsten lassen
1 l Instant-Fleischbrühe	hinzugießen, zum Kochen bringen, 5 Minuten kochen lassen Möhrenscheiben und Kohlrabiwürfel mit
1 – 2 Lorbeerblättern 2 Wacholderbeeren etwa 10 schwarzen Pfefferkörnern	hinzufügen, die Suppe zum Kochen bringen
½ Brötchen	in kaltem Wasser einweichen, gut ausdrücken
1 kleine Zwiebel	abziehen, fein würfeln
350 g Gehacktes (halb Rind-, halb Schweinefleisch)	mit der Brötchenhälfte, den Zwiebelwürfeln,

1 Ei	gut vermengen, mit
Salz	
frisch gemahlenem schwarzen Pfeffer	würzen
	aus der Hackfleischmasse Klößchen formen, nach etwa 15 Minuten Garzeit in die Suppe geben, zum Kochen bringen, die Klößchen in 7 – 10 Miuten darin gar ziehen lassen
	die Suppe mit Salz abschmecken
	die zurückbehaltenen Kohlrabiblättchen abspülen, abtropfen lassen, hacken, in die Suppe geben, nach Belieben mit
gehackter Petersilie	bestreuen.

Schälklöße-Suppe

	Für die Suppe
250 g Suppenfleisch	
250 g Markknochen	
	beide Zutaten unter fließendem kalten Wasser abspülen, in
2 l kaltes Salzwasser	geben, zum Kochen bringen, etwa 2 Stunden kochen lassen
3 mittelgroße Möhren	putzen, schrappen
1 Stück Sellerie	schälen
350 g Erbsen	auspalen
	das Gemüse waschen, in die Brühe geben, zum Kochen bringen, in etwa 30 Minuten gar kochen
	die Knochen, das gare Fleisch, Sellerie und Möhren herausnehmen, Fleisch und Gemüse in Würfel schneiden, in die Brühe geben
	Für die Schälklöße
600 g gekochte Kartoffeln (vom Vortag)	reiben, in eine Schüssel geben, mit
Weizenmehl	
1 – 2 Eier	
Salz	zu einem geschmeidigen Teig verkneten, die Tischplatte gut mit Weizenmehl bestäuben, den Teig darauf dünn ausrollen, mit
gebräunter Butter	bestreichen
Semmelbrösel	darüber streuen, den Teig zusammenrollen, in etwa 1 cm breite Scheiben schneiden
	die Suppe wieder zum Kochen bringen, die Teigschnecken hineingeben, in wenigen Minuten gar ziehen lassen (Schälklößchen sind gar, wenn sie an der Oberfläche schwimmen)
1 – 2 Eßl. gehackte Petersilie	über die Suppe streuen.

Graupen-Suppe

500 g Suppenfleisch	in
1½ l Salzwasser	geben, zum Kochen bringen, abschäumen, in 1 – 1½ Stunden gar kochen lassen das Fleisch aus der Brühe nehmen, in Würfel schneiden, beiseite stellen
200 g Graupen	mit
kochendem Wasser	übergießen, abtropfen lassen
500 g Kartoffeln	schälen, waschen, in Würfel schneiden
1 Kohlrabi	schälen, halbieren
2 Stangen Porree	putzen das Gemüse waschen, in Scheiben schneiden
1 Stück Sellerie	schälen, waschen, in Stifte schneiden
1 Stengel Liebstöckel	
½ Bund Petersilie	
	die Kräuter abspülen, mit den Graupen, den Kartoffeln, dem Gemüse in die Rindfleischsuppe geben, zum Kochen bringen, mit
Salz	
Pfeffer	würzen, evtl.
1 Eßl. Streuwürze	unterrühren die Graupensuppe in etwa 2 Stunden gar kochen lassen, dabei häufig umrühren kurz vor Beendigung der Garzeit die Fleischwürfel hinzufügen Liebstöckel und Petersilie aus der garen Suppe nehmen nach Belieben
125 ml (⅛ l)	
Schlagsahne	unterrühren
gehackte Petersilie	darüberstreuen.

Milch-Suppe mit Kartoffelklößchen

500 g Kartoffeln	schälen, in
Salzwasser	geben, zum Kochen bringen, in etwa 25 Minuten gar kochen lassen, abgießen, durch die Kartoffelpresse geben
1 kg Kartoffeln	schälen, waschen, reiben, in einem Küchentuch gut auspressen, zu den gekochten Kartoffeln geben
1 Ei	
1 Eßl. Weizenmehl	
1 gestr. Teel. Salz	hinzufügen, alles zu einem Teig verkneten, mit bemehlten Händen Klößchen daraus formen
2 l Milch	mit
1 l Salzwasser	zum Kochen bringen, die Klößchen hineingeben, zum Kochen bringen, in etwa 20 Minuten gar ziehen lassen
100 g durchwachsenen	
Speck	würfeln, ausbraten, über die gare Suppe geben.

Eierspeisen

Leinewebers Eierkuchen

600 g Kartoffeln	waschen, in so viel
Wasser	zum Kochen bringen, daß sie bedeckt sind, in 30 Minuten gar kochen lassen, abgießen, heiß pellen, abkühlen lassen, in Scheiben schneiden
150 g Weizenmehl	in eine Schüssel sieben, in die Mitte eine Vertiefung drücken
4 Eier	mit
250 ml (¼ l) Milch	
Salz	
frisch gemahlenem	
weißen Pfeffer	
geriebener	
Muskatnuß	verschlagen, etwas davon in die Vertiefung geben, von der Mitte aus Eier-Milch und Mehl verrühren, nach und nach die übrige Eier-Milch hinzufügen, darauf achten, daß keine Klumpen entstehen
1 Bund	
Schnittlauch	waschen, feinschneiden, unter den Teig rühren
150 g durchwachsenen	
Speck	in Würfel schneiden, ¼ davon mit
Margarine	in einer Stielpfanne ausbraten, ¼ der Kartoffelscheiben hinzufügen, mit Salz, Pfeffer würzen, etwas anbraten, ¼ des Eierkuchenteiges darüber geben, den Eierkuchen von beiden Seiten hellbraun backen aus den restlichen Zutaten drei weitere Eierkuchen zubereiten.
Beigabe:	Grüner Salat.

Spiegelei auf Leberkäse

1 – 2 Eßl. Butter	
oder Margarine	zerlassen
4 Scheiben	
Leberkäse	auf beiden Seiten etwa 5 Minuten darin anbraten, herausnehmen
4 Eier	vorsichtig aufschlagen, nebeneinander in das Bratfett gleiten lassen, so lange erhitzen, bis das Eiweiß fest ist
4 Scheiben	
Graubrot	toasten, mit
Butter	bestreichen, je eine Scheibe Leberkäse und ein Spiegelei darübergeben, mit
Salz	
frisch gemahlenem	
schwarzen Pfeffer	
Paprika edelsüß	bestreuen.
Beigabe:	Gemischter Salat.

Rührei mit Schnittlauch

6 Eier	mit
4 Eßl. Milch	
Salz	verschlagen
2 – 3 Eßl. feingeschnittenen Schnittlauch	dazugeben
4 Eßl. Margarine	zerlassen, die Eier-Milch hineingeben sobald die Masse zu stocken beginnt, sie mit einem Löffel strichweise vom Boden der Pfanne losrühren, so lange weiter erhitzen, bis keine Flüssigkeit mehr vorhanden ist.
Beigabe:	Kartoffelpüree, Grüner Salat.

Omeletts mit chinesischem Gemüse

	Für die Füllung
1 Stange Porree	putzen, längs halbieren, waschen, in Scheiben schneiden
250 g Möhren	putzen, schrappen, waschen von
300 g Weißkohl	die äußeren Blätter entfernen, den Strunk herausschneiden, den Kohl waschen
1 kleines Stück Sellerie	schälen, waschen die vier Zutaten in sehr feine Streifen schneiden
1 Zwiebel	abziehen, halbieren, in dünne Scheiben schneiden
75 g Margarine	zerlassen, die Zwiebelringe darin glasig dünsten das Gemüse hinzufügen, gut durchdünsten lassen
2 – 3 Eßl. Sojasoße	unterrühren, mit
Salz	
Pfeffer	würzen, das Gemüse 2 – 3 Minuten dünsten lassen, mit
Sojasoße	abschmecken
	für die Omeletts
8 Eigelb	mit etwas von
16 Eßl. Milch	
Salz	verschlagen
80 g Weizenmehl	darauf sieben, unterrühren, restliche Milch hinzufügen
8 Eiweiß	steif schlagen, auf die Eigelbmasse geben, unterheben ¼ von
60 g Butterschmalz	in einer Pfanne zerlassen, ¼ des Teiges hineingeben, die Masse langsam gerinnen lassen die untere Seite des Omeletts muß bräunlich gebacken sein, die obere Seite muß weich bleiben das Omelett auf eine vorgewärmte Platte gleiten lassen, warm stellen, die übrigen drei Omeletts auf die gleiche Weise zubereiten, die Füllung auf die vier Omeletts verteilen, zusammenklappen, sofort servieren.
Beigabe:	Endivien-Salat.

Omelett auf französische Art

(Foto Seite 37)

	Für die Füllung
1 Stange Porree	
(etwa 150 g)	putzen, längs halbieren, waschen, in dünne Scheiben schneiden
1 Eßl. Butterschmalz	erhitzen, die Porreescheiben darin andünsten
etwa 500 g tiefgekühlte	
Erbsen	hinzufügen, mit
Salz	
Pfeffer	würzen
125 ml (⅛ l) Wasser	hinzugießen das Gemüse etwa 10 Minuten dünsten lassen von
½ Kopf Salat	die welken Blätter entfernen, die anderen vom Strunk lösen, die großen Blätter teilen, die Herzblätter ganz lassen, den Salat gründlich waschen (nicht drücken) abtropfen lassen, in Streifen schneiden
2 Scheiben gekochten	
Schinken	in Streifen schneiden, mit den Salatstreifen zu dem Gemüse geben, etwa 2 Minuten dünsten lassen
1 Eßl. Crème fraîche	
1 Eßl. gehackte Kräuter (Petersilie, Schnittlauch, Dill)	
oder 1 Teel.	
Kräuter der Provence	unterrühren
1 Teel. Margarine	mit
1 Teel. Weizenmehl	verrühren, das Gemüse damit binden, evtl. nochmals mit Salz, Pfeffer abschmecken, warm stellen
	für die Omeletts
8 Eigelb	mit etwas von
16 Eßl. Milch	
Salz	verschlagen
80 g Weizenmehl	darauf sieben, unterrühren, die restliche Milch hinzufügen,
8 Eiweiß	steif schlagen, auf die Eigelbmasse geben, unterheben ¼ von
60 g Butterschmalz	in einer Stielpfanne erhitzen, ¼ des Teiges hineingeben (Pfanne mit Deckel verschließen), die Masse langsam gerinnen lassen, die untere Seite des Omeletts muß bräunlich gebacken sein, die obere Seite muß weich bleiben das Omelett auf eine vorgewärmte Platte gleiten lassen, warm stellen die übrigen 3 Omeletts auf die gleiche Weise zubereiten die Füllung auf die fertigen Omeletts geben, zusammenklappen die Omeletts sofort servieren.

Omelett auf frz. Art, Rezept S. 36

Gefüllte Makrele, Rezept S. 48

Zwiebel-Fisch, Rezept S. 49

Bauernomelett, Rezept S. 41

Bauernomelett

(Foto Seite 40)

500 g Salatkartoffeln	waschen, in Wasser zum Kochen bringen, in 20 – 25 Minuten gar kochen lassen, abgießen, abdämpfen, heiß pellen, erkalten lassen, in Scheiben schneiden
4 kleine Zwiebeln	abziehen, würfeln
75 g durchwachsenen Speck	in Würfel schneiden, auslassen
30 g Margarine	hinzufügen, zerlassen, die Zwiebelwürfel darin glasig dünsten, die Kartoffeln hinzufügen, braun braten
5 Eier	mit
5 Eßl. Milch	
Salz	
Pfeffer	
Paprika edelsüß	
geriebener Muskatnuß	verschlagen
125 g Schinkenspeck	in Würfel schneiden, mit
2 Eßl. feingeschnittenem Schnittlauch	unter die Eiermasse rühren, über die Kartoffeln gießen, in etwa 10 Minuten stocken lassen.
Beigabe:	Tomaten-Salat.

Omelett mit Champignonfüllung

	Für die Füllung
500 g Champignons	putzen, waschen, in Scheiben schneiden
100 g durchwachsenen Speck	in Würfel schneiden, zusammen mit
1 Eßl. Margarine	auslassen, die Champignons darin andünsten, mit
Salz	
Pfeffer	würzen, gar dünsten lassen
2 Teel. Speisestärke	mit
1 Eßl. kaltem Wasser	anrühren, die Champignons damit binden, mit Salz, Pfeffer abschmecken
2 Eßl. gehackte Petersilie	unterrühren, warm stellen
	für das Omelett
3 Eier	mit Salz,
2 Eßl. Milch	verschlagen
Margarine	in einer Stielpfanne mit Deckel zerlassen, die Eiermasse hineingeben, die Pfanne mit dem Deckel schließen, langsam gerinnen lassen, die untere Seite muß bräunlich gebacken sein, die obere weich bleiben das Omelett mit den Champignons füllen, auf eine längliche vorgewärmte Platte gleiten lassen das Omelett erst kurz vor dem Anrichten zubereiten.
Beigabe:	Bratkartoffeln, Gemischter Salat.

Gebackene Pfannkuchen-Rollen

	Für die Pfannkuchen
250 g Weizenmehl	in eine Schüssel sieben, in die Mitte eine Vertiefung eindrücken
4 Eier	mit
Salz	
300 ml Milch	
300 ml Wasser	verschlagen, etwas davon in die Vertiefung geben, von der Mitte aus Eier-Milch und Mehl verrühren, nach und nach die übrige Eier-Milch dazugeben, darauf achten, daß keine Klumpen entstehen den Teig etwa 30 Minuten stehenlassen
Butterschmalz	in einer Pfanne erhitzen, eine dünne Teiglage hineingeben von beiden Seiten goldgelb backen bevor der Pfannkuchen gewendet wird, etwas Fett in die Pfanne geben die übrigen Pfannkuchen auf die gleiche Weise zubereiten (insgesamt 8 – 10 Stück)
	für die Füllung
400 g Gehacktes (halb Rind-, halb Schweinefleisch)	mit
125 ml (⅛ l) Schlagsahne	
2 Eßl. gemischten, gehackten Kräutern (Dill, Petersilie, Schnittlauch, Estragon)	verrühren, mit
Salz	
frisch gemahlenem weißen Pfeffer	abschmecken jeweils etwa 1 Eßl. von der Füllung auf einen Pfannkuchen streichen, zusammenrollen die Pfannkuchen nebeneinander in eine viereckige Bratpfanne legen
	für die Soße
125 ml (⅛ l) Schlagsahne	mit
1 Becher (150 g) Joghurt	
1 Ei	verrühren, mit
Salz	
frisch gemahlenem weißen Pfeffer	
geriebener Muskatnuß	würzen, über die Pfannkuchen geben, die Form auf dem

	Rost in den vorgeheizten Backofen schieben
Strom:	225 – 250
Gas:	4 – 5
Backzeit:	Etwa 20 Minuten.
Beigabe:	Tomaten-Salat.

Pfannkuchen-Auflauf

	Für die Füllung
3 Zwiebeln	abziehen, würfeln
2 – 3 Eßl. Margarine	zerlassen, die Zwiebelwürfel darin andünsten
500 g Zucchini	waschen, in Scheiben schneiden, evtl. halbieren, zu den Zwiebeln geben, mitdünsten lassen
850 g Tomaten (aus der Dose)	mit dem Saft hinzufügen
2 Teel. Tomatenmark	unterrühren, das Gemüse zum Kochen bringen
2 Eßl. Speisestärke	mit
1 Eßl. kaltem Wasser	anrühren, das Gemüse damit binden, mit
Salz	
frisch gemahlenem schwarzen Pfeffer	abschmecken
	für den Teig
100 g gesiebtes Weizenmehl	mit
gut 250 ml (¼ l) Milch	
Salz	verrühren, etwa 30 Minuten zum Quellen stehen lassen
100 g gekochten Schinken	in Streifen schneiden, mit
2 Eiern	unter den Teig rühren, gut verrühren
Margarine	in einer Stielpfanne erhitzen, eine dünne Teiglage hineingeben, von beiden Seiten goldgelb backen, warm stellen
	aus dem restlichen Teig vier weitere Pfannkuchen backen
	eine hohe, runde Auflaufform mit Margarine einfetten, einen Pfannkuchen hineingeben, einen Teil der Gemüsefüllung darauf verteilen, mit einem Pfannkuchen bedecken
	Gemüse und Pfannkuchen weiter abwechselnd einschichten, die letzte Schicht sollte aus einem Pfannkuchen bestehen
1 Ecke Schmelzkäse	mit
2 Eßl. Wasser	erhitzen, gut verrühren, bis der Käse geschmolzen ist, über den Auflauf gießen
	die Form auf dem Rost in den Backofen schieben, backen lassen, sofort servieren
Strom:	Etwa 200
Gas:	Etwa 3
Backzeit:	Etwa 20 Minuten.

Eier-Frikassee

30 g Butter	
oder Margarine	zerlassen
35 g Weizenmehl	unter Rühren so lange darin erhitzen, bis es hellgelb ist
500 ml (½ l) Instant-	
Fleischbrühe	hinzugießen, mit einem Schneebesen durchschlagen, darauf achten, daß keine Klumpen entstehen, die Soße zum Kochen bringen, etwa 5 Minuten kochen lassen
8 hartgekochte Eier	pellen
200 g Champignons	
(aus der Dose)	abtropfen lassen beide Zutaten in Scheiben schneiden
175 g Spargelstücke	
(aus der Dose)	abtropfen lassen
1 Teel. Kapern	
	die Zutaten in die Soße geben, etwa 10 Minuten darin ziehen lassen
1 Eigelb	mit
3 Eßl. Weißwein	verschlagen, das Frikassee damit abziehen, mit
Salz	
frisch gemahlenem	
weißen Pfeffer	
Zitronensaft	abschmecken.
Beilage:	Reis-Rand.

Eier mit Estragon-Soße

50 g Butter	
oder Margarine	zerlassen
2 Eßl. Weizenmehl	unter Rühren so lange darin erhitzen, bis es hellgelb ist
250 ml (¼ l)	
Schlagsahne	hinzugießen, mit einem Schneebesen durchschlagen, darauf achten, daß keine Klumpen entstehen die Soße zum Kochen bringen, etwa 5 Minuten kochen lassen
4 Eigelb	mit
3 Eßl. kalter Milch	verschlagen, die Soße damit legieren die Soße mit
Salz	
frisch gemahlenem	
weißen Pfeffer	würzen
1 – 2 Eßl. feingehackte	
Estragonblättchen	unterrühren
6 gekochte Eier	pellen, längs halbieren, auf einer Platte anrichten die Estragon-Soße darüber geben die Eierhälften mit
Estragonblättchen	garnieren.
Beilage:	Reis.

Pochierte Eier mit Sauerampfercreme

70 g Sauerampfer	verlesen, die Stiele entfernen, die Sauerampferblätter abspülen, abtropfen lassen, in Streifen schneiden
1 – 2 Zwiebeln	abziehen, fein würfeln
1 Eßl. Margarine	zerlassen, die Zwiebelwürfel darin etwa 5 Minuten dünsten lassen, die Sauerampferstreifen hinzugeben (einige in Streifen geschnittene Blätter zurücklassen), etwa 5 Minuten mitdünsten, erkalten lassen
1 Eigelb	mit
1 Teel. Zitronensaft	
Salz, Pfeffer	zu einer dicklichen Masse schlagen, darunter nach und nach
125 ml (⅛ l) Salatöl	schlagen, den gedünsteten Sauerampfer und die zurückgelassenen Sauerampferstreifen hinzufügen, pürieren
1 Eßl. Schlagsahne	unterrühren
1 l Wasser	mit
4 – 6 Eßl. Essig	zum Kochen bringen
4 Eier	einzeln in einer Suppenkelle aufschlagen, vorsichtig in das kochende Wasser geben (bei Strom die Kochplatte auf 0, bei Gas die Flamme klein stellen) die Eier nach 3 – 4 Minuten mit einem Schaumlöffel herausnehmen, kurz in kaltes Wasser halten, mit der Sauerampfercreme auf einer Platte anrichten
Pfeffer	darüber streuen, mit restlichem Sauerampfer garnieren.
Beilage	Bandnudeln.

Gestockte Eier mit Senf-Soße

	Vier feuerfeste Förmchen gut ausfetten, von
8 Eiern	jeweils 2 Eier in jedes Förmchen aufschlagen
75 g durchwachsenen Speck	in Würfel schneiden, über die Eier geben, mit
Salz, Pfeffer	bestreuen
2 Eßl. feingeschnittenen Schnittlauch	auf die Förmchen verteilen, auf dem Rost in den vorgeheizten Backofen schieben
Strom:	Etwa 200, **Gas:** Etwa 3
Garzeit:	Etwa 25 Minuten
	für die Senf-Soße
250 ml (¼ l) Schlagsahne	in einem Topf auf die Hälfte einkochen lassen, mit
Salz	
2 Teel. Senf	verrühren die Eier vom Rand der Förmchen lösen, auf eine Platte heben, mit
Petersilie	garnieren, die Soße dazureichen.
Beilage:	Dill-Kartoffeln.

Eierkuchen mit Äpfeln

1 kg mürbe Äpfel	schälen, vierteln, entkernen, in Scheiben schneiden
	für den Teig
250 g Weizenmehl	mit
2 gestrichenen Teel. Backpulver	mischen, in eine Schüssel sieben, in die Mitte eine Vertiefung eindrücken
3 Eier	mit
Salz	
Zucker	
500 ml (½ l) Milch	verschlagen, etwas davon in die Vertiefung geben, von der Mitte aus Eier-Milch und Mehl verrühren, nach und nach die übrige Eier-Milch dazugeben, darauf achten, daß keine Klumpen entstehen
	etwas von
6 Eßl. Speiseöl	in einer Stielpfanne erhitzen, eine dünne Teiglage hineingeben, einen Teil der Äpfel darauf legen, den Eierkuchen von beiden Seiten goldgelb backen
	bevor der Eierkuchen gewendet wird, etwas Speiseöl in die Pfanne geben
	die fertigen Eierkuchen auf eine vorgewärmte Platte gleiten lassen, mit
Zucker oder	
Puderzucker	bestreuen.

Aprikosen-Auflauf

500 g Aprikosen	waschen, halbieren, entsteinen, durch ein Sieb streichen oder im Mixer pürieren
4 Eigelb	mit
3 Eßl. heißem Wasser	schaumig schlagen, nach und nach ⅔ von
100 g Zucker	hinzugeben, so lange schlagen, bis eine cremeartige Masse entstanden ist
2 gehäufte Eßl. Speisestärke	mit den Aprikosen unter die Eigelbmasse rühren
4 Eiweiß	steif schlagen, nach und nach den Rest des Zuckers unterziehen (nicht rühren)
	die Masse bergförmig auf eine mit
Margarine	ausgefettete feuerfeste Platte geben, auf dem Rost in den vorgeheizten Backofen schieben
Strom:	175 – 200
Gas:	2 – 3
Backzeit:	25 – 35 Minuten
	den Auflauf nach dem Backen mit
Puderzucker	bestäuben, sofort servieren.

Fisch

Gefüllte Makrele

(Foto Seite 38)

4 kleine Makrelen	ausnehmen, unter fließendem Wasser abspülen, trockentupfen, außen mit
Salz	
frisch gemahlenem	
schwarzen Pfeffer	bestreuen
2 Bund Petersilie	abspülen, trockentupfen, fein hacken
2 Knoblauchzehen	abziehen, fein hacken, mit der Petersilie,
abgeriebener Schale	
von 1 Zitrone	
(unbehandelt)	
2 Eßl. Margarine	gut vermengen, in die Makrelen füllen, die Fische in eine ausgefettete flache Gratin-Form legen
8 Salbeiblätter	abspülen, auf die Fische legen
125 ml (⅛ l)	
Weißwein	hinzugießen, die Form auf dem Rost in den vorgeheizten Backofen schieben
Strom:	Etwa 200
Gas:	Etwa 3
Backzeit:	Etwa 30 Minuten.
Beilage:	Ofenkartoffeln.

Würziger Tomaten-Seelachs

Etwa 600 g	
Seelachsfilet	unter fließendem kalten Wasser abspülen, trockentupfen, mit
Zitronensaft	beträufeln, etwa 15 Minuten stehenlassen
500 g Tomaten	kurze Zeit in kochendes Wasser legen, in kaltem Wasser abschrecken, enthäuten, in Scheiben schneiden
4 – 5 Zwiebeln	abziehen, in Ringe schneiden
1 – 2 Eßl. Speiseöl	erhitzen, die Zwiebelringe darin andünsten den Fisch trockentupfen, mit
scharfem Senf	bestreichen, in etwa 3 cm breite Streifen schneiden in eine mit
Margarine	gefettete Auflaufform abwechselnd fächerartig Tomaten, Fisch, Zwiebelringe einschichten, dabei jede Schicht mit
Salz	
Pfeffer	
Thymian	bestreuen
3 Eßl. geriebenen Gouda	darüber verteilen die Form auf dem Rost in den Backofen schieben
Strom:	200 – 225
Gas:	4 – 5
Dünstzeit:	25 – 30 Minuten.
Beigabe:	Petersilien-Kartoffeln.

Zwiebel-Fisch

(Foto Seite 39)

4 Rotbarschfilets (je 150 g)	unter fließendem kalten Wasser abspülen, trockentupfen, mit
2 Eßl. Zitronensaft	beträufeln, etwa 15 Minuten stehenlassen
600 g Zwiebeln	abziehen, vierteln, in Streifen schneiden
50 g durchwachsenen Speck	in Würfel schneiden
1 Eßl. Butter	erhitzen, die Speckwürfel darin ausbraten, die Zwiebelstreifen hinzufügen, gut darin andünsten, mit
Salz	
Pfeffer	
Paprika edelsüß	würzen, im geschlossenen Topf etwa 5 Minuten dünsten lassen
½ Becher (75 g) Crème fraîche	unterrühren, mit Salz, Pfeffer, Paprika abschmecken die Fischfilets trockentupfen, mit
Salz	
Pfeffer	
Paprika edelsüß	bestreuen, auf das Zwiebelgemüse legen, im geschlossenen Topf 7 – 8 Minuten dünsten lassen die Fischfilets nach etwa der Hälfte der Garzeit wenden.
Beilage:	Reis.

Fischröllchen in Wein-Soße

700 g Fischfilet	waschen, abtrocknen, mit
Zitronensaft	beträufeln, etwa ½ Stunde stehenlassen, trockentupfen das Filet mit
Salz	bestreuen, in nicht zu kleine Streifen schneiden, zusammenrollen, mit Holzstäbchen feststecken, in eine mit
Margarine	gefette Auflaufform legen
	für die Wein-Soße
30 g Margarine	zerlassen
30 g Weizenmehl	unter Rühren so lange darin erhitzen, bis es hellgelb ist
250 ml (¼ l) Wasser	hinzugießen, mit einem Schneebesen durchschlagen, darauf achten, daß keine Klumpen entstehen, die Soße zum Kochen bringen
5 Eßl. Weißwein	hinzufügen, die Soße mit Salz, Zitronensaft,
Zucker	abschmecken, über die Fischröllchen gießen die Auflaufform auf dem Rost in den Backofen schieben
Strom:	175 – 200
Gas:	2 – 3
Garzeit:	25 – 35 Minuten.
Beilage:	Kräuter-Reis.

Kabeljau in Knoblauch-Soße

1 Packung (400 g) tiefgekühltes Kabeljaufilet	10 Minuten antauen lassen, mit
2 Eßl. Zitronensaft	beträufeln, etwa 15 Minuten stehenlassen, in eine gefettete Auflaufform geben
	für die Knoblauch-Soße
3 Knoblauchzehen	
1 mittelgroße Zwiebel	beide Zutaten abziehen, fein würfeln
3 Eßl. Olivenöl	erhitzen, Knoblauch- und Zwiebelwürfel darin andünsten
350 g feste Tomaten	kurze Zeit in kochendes Wasser legen (nicht kochen lassen), in kaltem Wasser abschrecken, enthäuten, die Stengelansätze herausschneiden, die Tomaten in Würfel schneiden, mit
2 Eßl. gehackter Petersilie	
1 Eßl. gerebeltem Oregano	zu den übrigen Zutaten geben die Soße mit
Salz	
Zucker	
weißem Pfeffer	abschmecken, über den Fisch verteilen die Auflaufform auf dem Rost in den vorgeheizten Backofen schieben
Strom:	200 – 225
Gas:	5 – 6
Backzeit:	25 – 30 Minuten.
Beilage:	Ofenkartoffeln.

Überbackener Rotbarsch

	Von
500 g garem Rotbarsch	die Haut abziehen, die Gräten auslösen, ihn in eine mit
Margarine	gefettete Auflaufform geben
	für die Béchamel-Soße
1 kleine Zwiebel	abziehen
20 g roher Schinken	beide Zutaten in kleine Würfel schneiden
1 Eßl. Margarine	zerlassen, Schinken hinzufügen
1 gehäuften Eßl. Weizenmehl	zusammen mit der Zwiebel unter Rühren so lange erhitzen, bis es hellgelb ist

125 ml (⅛ l) Milch	
125 ml (⅛ l) Instant-Fleischbrühe	hinzugießen, mit einem Schneebesen durchschlagen, darauf achten, daß keine Klumpen entstehen, die Soße zum Kochen bringen, etwa 5 Minuten kochen lassen, mit
Salz	
frisch gemahlenem weißen Pfeffer	abschmecken, über den Fisch geben, mit
30 g geriebenem Käse	bestreuen
Butter	in Flöckchen darauf setzen
	die Auflaufform auf dem Rost in den Backofen schieben
Strom:	225 – 250
Gas:	5 – 6
Backzeit:	30 – 40 Minuten.
Beilage:	Kartoffeln.

Seelachs mit Joghurthaube

400 g Seelachsfilet	unter fließendem kalten Wasser abspülen, trockentupfen, mit dem
Saft von 1 Zitrone	beträufeln, etwa 15 Minuten stehenlassen, mit
Salz	bestreuen
2 mittelgroße Zwiebeln	abziehen, in Würfel schneiden, in eine Pfanne geben, andünsten
5 Tomaten	waschen, abtrocknen, in Scheiben schneiden
150 g geschnittene Champignons (aus der Dose)	abtropfen lassen
2 Becher (je 150 g) Joghurt	mit Salz,
1 Bund feingeschnittenen, gemischten Kräutern frisch gemahlenem weißen Pfeffer Paprika edelsüß Streuwürze	verrühren
	eine längliche, feuerfeste Form mit
Margarine	ausfetten, das Fischfilet hineinlegen, Zwiebeln, Champignons und Tomatenscheiben darauf schichten, mit der Joghurt-Soße übergießen
2 Eßl. Semmelmehl	darüber streuen
Butter	in Flöckchen darauf setzen
	die Form in den Backofen schieben
Strom:	200 – 225
Gas:	3 – 4
Dünstzeit:	45 – 50 Minuten.
Beilage:	Curry-Reis.

Gegrilltes Rotbarschfilet

1 Packung (400 g) tiefgekühltes Rotbarschfilet	
	die Filets auf einen Teller legen, etwa ½ Stunde auftauen lassen, mit
Zitronensaft	beträufeln, mit
Salz	bestreuen
1 Eßl. Speiseöl	mit
1 Teel. Paprika edelsüß	und etwas Salz verrühren, die Fischfilets auf den heißen, gefetteten Grillrost legen, mit dem Öl bestreichen, von jeder Seite etwa 5 Minuten grillen
Butter	zerlassen
4 Scheiben Ananas (aus der Dose)	darin von beiden Seiten braten, mit den Filets anrichten.
Beigabe:	Butter-Reis, Chicorée-Salat.

Seelachs-Rouladen in Tomaten-Soße

600 g Seelachsfilet	unter fließendem kalten Wasser abspülen, trockentupfen, mit
2 Eßl. Zitronensaft	beträufeln, etwa 30 Minuten stehenlassen, trockentupfen, mit
Salz Selleriesalz Paprika edelsüß	bestreuen, in nicht zu kleine Streifen schneiden, mit
1 schwach gehäuften Eßl. Senf	bestreichen, zusammenrollen, mit Holzstäbchen feststecken
	für die Tomaten-Soße
1 kleine Zwiebel	abziehen, fein würfeln
375 g Tomaten	waschen, in Stücke schneiden
30 g Margarine	zerlassen, Zwiebel und Tomaten darin andünsten, mit
30 g Weizenmehl	bestreuen, kurz miterhitzen
250 ml (¼ l) Wasser	hinzufügen, mit einem Schneebesen durchschlagen, darauf achten, daß keine Klumpen entstehen, die Soße zum Kochen bringen, durch ein Sieb streichen, mit Selleriesalz, Salz, Paprika,
frisch gemahlenem weißen Pfeffer 2 gehäuften Eßl. Tomatenmark Zitronensaft Tabascosoße	abschmecken, zum Kochen bringen, den Fisch hineingeben, in 15 – 20 Minuten gar ziehen lassen.
Beilage:	Petersilien-Kartoffeln.

Fisch-Frikassee

600 g Fischfilet	
(z. B. Seelachs)	unter fließendem kalten Wasser abspülen, trockentupfen, mit
Zitronensaft	beträufeln, etwa ½ Stunde stehenlassen, trockentupfen, mit
Salz	bestreuen, in nicht zu kleine Stücke schneiden
	für die Soße
40 g Margarine	zerlassen
50 g Weizenmehl	unter Rühren so lange erhitzen, bis es hellgelb ist
500 ml (½ l)	
Instant-Fleischbrühe	hinzugießen, mit einem Schneebesen durchschlagen, darauf achten, daß keine Klumpen entstehen, die Soße zum Kochen bringen, den Fisch hineingeben
1 Teel. Kapern	hinzufügen, mit Salz, Zitronensaft,
Weißwein	
Selleriesalz	
Paprika edelsüß	würzen, den Fisch in 15 – 20 Minuten gar ziehen lassen
2 Eigelb	mit
2 Eßl. kaltem Waser	verschlagen, die Soße damit abziehen, mit Zitronensaft, Salz abschmecken.
Beilage:	Reis.

Fisch „Stroganoff"

500 g Fischfilet	
(z. B. Kabeljau)	unter fließendem kalten Wasser abspülen, trockentupfen, mit
2 Eßl. Zitronensaft	beträufeln, etwa 15 Minuten stehenlassen
2 große Zwiebeln	abziehen, fein würfeln, mit
2 Teel. Kapern	in
500 ml (½ l)	
Instant-Fleischbrühe	geben, zum Kochen bringen, etwa 5 Minuten kochen lassen
2 Eßl. Speisestärke	mit
4 Eßl. kaltem Wasser	anrühren, die Brühe damit binden, mit
Zitronensaft	
Tomatenmark	
Senf	
Salz	
Pfeffer	
Paprika edelsüß	würzen
4 Gewürzgurken	in feine Streifen schneiden, in die Soße rühren, die Soße einmal aufkochen lassen das Fischfilet in Würfel schneiden, in die Soße geben, in 15 – 20 Minuten gar ziehen lassen.
Beilage:	Reis.

Petersilien-Fisch

4 Rotbarschfilets (je etwa 150 g)	unter fließendem kalten Wasser abspülen, trockentupfen, mit dem
Saft von 1 Zitrone	beträufeln
3 Bund Petersilie	abspülen, trockentupfen, fein hacken
3 Knoblauchzehen	abziehen, zerdrücken beide Zutaten mit
abgeriebener Schale von 1 Zitrone (unbehandelt)	
1 Teel. Kräutersalz	
1 Teel. weißen Pfeffer	vermengen die Fischfilets nebeneinander in eine gefettete feuerfeste Form legen, mit der Petersilienmischung bestreichen
4 Eßl. Butter oder Margarine	zerlassen, darüber träufeln, die Form auf dem Rost in den vorgeheizten Backofen schieben
Strom:	Etwa 200
Gas:	Etwa 3
Backzeit:	Etwa 20 Minuten.
Beigabe:	Butter-Kartoffeln, Grüner Salat.

Fischpudding mit Champignon-Soße

400 g Kabeljaufilet	unter fließendem kalten Wasser abspülen, trockentupfen, mit
1 Eßl. Zitronensaft	beträufeln, etwa 15 Minuten stehenlassen, mit
1 abgezogenen Zwiebel	durch den Fleischwolf drehen
50 g zerlassene Margarine	mit
abgeriebener Schale von ½ Zitrone (ungespritzt)	
3 Eigelb	
1 Eßl. gehacktem Dill	
2 Eßl. gehackter Petersilie	
2 Eßl. Semmelmehl	unterrühren, die Masse kräftig mit
Salz	
Pfeffer	
geriebener Muskatnuß	würzen
3 Eiweiß	steif schlagen, unterheben die Fischmasse in eine gut mit

Margarine	gefettete, mit
Semmelmehl	ausgestreute Puddingform füllen, mit einem Deckel verschließen, in einen Topf mit kochendem Wasser setzen, etwa 1 Stunde garen lassen (verdampftes Wasser ersetzen) die Puddingform aus dem Wasser nehmen, etwa 5 Minuten stehenlassen, auf eine Platte stürzen
	für die Champignonsoße
30 g Margarine	zerlassen
1 kleine Zwiebel	abziehen, fein würfeln, darin andünsten
30 g Weizenmehl	unter Rühren so lange darin erhitzen, bis es hellgelb ist
etwa 170 g Champignons (aus der Dose)	abtropfen lassen, die Flüssigkeit auffangen, mit Wasser auf ⅜ l (375 ml) auffüllen, zu der Mehlschwitze geben, mit einem Schneebesen durchschlagen, darauf achten, daß keine Klumpen entstehen, zum Kochen bringen, etwa 5 Minuten kochen lassen die Champignons fein hacken, in die Soße geben, etwa 5 Minuten mitkochen lassen
3 Eßl. saure Sahne	unterrühren
1 Messerspitze Fleischextrakt	hinzufügen, die Soße mit Salz, Pfeffer, geriebener Muskatnuß abschmecken
1 Eßl. gehackte Petersilie	unterrühren die Soße zu dem Fischpudding reichen.
Beigabe:	Stangenweißbrot oder Salzkartoffeln.

Seelachs-Frikadellen

1 Brötchen	in kaltem Wasser einweichen
500 g Seelachsfilet	unter fließendem kalten Wasser abspülen, trockentupfen, mit
2 Eßl. Zitronensaft	beträufeln, etwa 30 Minuten stehenlassen, die Zutaten durch den Fleischwolf drehen
1 Zwiebel	abziehen, fein würfeln
1 Eßl. Speiseöl	erhitzen, die Zwiebelwürfel darin andünsten Fisch, Brötchen, Zwiebel mit
1 Ei 1 Eßl. gehackter Petersilie	vermengen, mit
Salz Pfeffer Zitronensaft 1 Eßl. Senf	abschmecken aus der Masse mit nassen Händen flache Klopse formen, in
Semmelmehl	wenden
60 g Margarine	erhitzen, die Frikadellen von beiden Seiten darin etwa 10 Minuten braten.
Beilage:	Kartoffelsalat.

Mandel-Fisch mit Frühlings-Quark

(Foto Seite 57)

4 Seelachsfilets (je etwa 150 g)	unter fließendem kalten Wasser abspülen, trockentupfen, mit
Zitronensaft	beträufeln, etwa 15 Minuten stehenlassen, trockentupfen, mit
Salz frisch gemahlenem weißen Pfeffer	bestreuen die Fischfilets zunächst in
2 Eßl. Weizenmehl	dann in
1 verschlagenen Ei	zuletzt in
4 Eßl. Semmelmehl	wenden
2 Eßl. Speiseöl	erhitzen, die Fischfilets von beiden Seiten darin in 10 – 12 Minuten goldbraun braten, auf einer vorgewärmten Platte anrichten
400 g Speisequark	mit
4 Eßl. gemischten, feingeschnittenen Kräutern	verrühren, mit Salz, Pfeffer würzen über die Fischfilets geben
1 – 2 Eßl. Margarine	zerlassen
2 Eßl. abgezogene gehobelte Mandeln	darin goldbraun rösten, über den Quark streuen.
Beilage:	Butter-Kartoffeln, Tomaten-Salat.

Fischpfanne „Atlantic“

2 Eßl. Margarine	erhitzen
15 Stück (1 Packung) tiefgekühlte Fischstäbchen	unaufgetaut hineingeben, 8 – 10 Minuten braten lassen
50 g durchwachsenen Speck	in Streifen schneiden, nach 5 Minuten Bratzeit zu dem Fisch geben, mitbraten
1 mittelgroße Zwiebel	abziehen, in Ringe schneiden, hinzufügen, mitdünsten lassen, mit
Salz Pfeffer	würzen
1 Teel. Kapern	darüber streuen
4 Eier	mit
1 Teel. feingeschnittenem Schnittlauch	verschlagen, über den Fisch gießen, stocken lassen, in der Pfanne servieren.
Beilage:	Kartoffelpüree.

Mandel-Fisch, Rezept S. 56

Schaschlik, Rezept S. 68

Ochsenschwanz, Rezept S. 69

Herings-Quark-Topf, Rezept S. 61

Herings-Quark-Topf

(Foto Seite 60)

6 Matjesfilets	evtl. einige Zeit wässern, trockentupfen, in mundgerechte Stücke schneiden
1 rote Zwiebel	abziehen, in Scheiben schneiden, in Ringe teilen
2 Äpfel	schälen, vierteln, entkernen, in kleine Scheiben schneiden
125 ml (⅛ l) Schlagsahne	steif schlagen
1 Packung (200 g) Speisequark, 40%	gut verrühren, die steifgeschlagene Sahne unterheben, mit Matjesstückchen, Zwiebelringen und Apfelscheiben vorsichtig vermengen, mit
Salz Pfeffer Zitronensaft	würzen, einige Zeit kühl stellen, mit
Dill	garniert servieren.
Beigabe:	Pellkartoffeln oder Vollkornbrot.

Fischstäbchen-Salat

100 g Langkornreis	in
1 l kochendes Salzwasser	geben, zum Kochen bringen, in etwa 20 Minuten ausquellen lassen, auf ein Sieb geben, mit kaltem Wasser abspülen, abtropfen lassen
100 g tiefgekühlte Erbsen	nach der Vorschrift auf der Packung gar kochen, abtropfen lassen
2 – 3 Eßl. Margarine	erhitzen
15 Stück (1 Packung) tiefgekühlte Fischstäbchen	unaufgetaut hineingeben, etwa 10 Minuten braten, erkalten lassen, jeweils in 2 – 3 Stücke schneiden
1 rote Paprikaschote	halbieren, entstielen, entkernen, die weißen Scheidewände entfernen, die Schoten waschen, in Würfel schneiden
1 mittelgroße Zwiebel	abziehen, in Ringe schneiden
2 – 3 Eßl. Salatöl	mit
1 – 2 Eßl. Essig 1 Teel. Senf Salz Pfeffer 2 Eßl. tiefgekühlten Kräutern	verrühren
	Reis, Erbsen, Paprikastücke und Zwiebelringe mit der Soße vermengen, Fischstücke vorsichtig unterheben, evtl. nochmals mit Salz, Pfeffer abschmecken.
Beigabe:	Stangenweißbrot.

Ofenheringe

4 – 6 Grüne Heringe	ausnehmen, Kopf und Schwanz entfernen, die Heringe entgräten, unter fließendem kalten Wasser abspülen, trockentupfen, innen und außen mit
Salz	
Pfeffer	bestreuen
	in eine gut gefettete Bratpfanne
4 – 6 Eßl. Weißwein	geben, die Heringe nebeneinander hineinlegen
3 Eßl. Crème fraîche	darüber verteilen
3 Eßl. Semmelmehl	mit
2 Eßl. gehackter	
Petersilie	verrühren, über die Heringe geben
Butter	in Flöckchen darauf setzen, die Pfanne auf dem Rost in den vorgeheizten Backofen schieben
Strom:	200 – 225
Gas:	4 – 5
Backzeit:	20 – 25 Minuten.
Beigabe:	Kräuter-Kartoffeln, Tomaten-Salat.

Muscheln, rheinische Art

1½ kg Miesmuscheln	in reichlich kaltes Wasser geben, einige Stunden darin liegen lassen, das Wasser ab und zu erneuern die Muscheln anschließend gründlich bürsten, Bartbüschel entfernen, die Muscheln so lange abspülen, bis das Wasser vollkommen klar bleibt Muscheln, die sich beim Wässern und anschließendem Bürsten öffnen, sind ungenießbar, nur Muscheln, die geschlossen bleiben, sind verwendbar
250 g Zwiebeln	abziehen, halbieren, in Scheiben schneiden
50 g Margarine	zerlassen, die Zwiebeln darin andünsten
1 Bund Suppengrün	putzen, waschen, in kleine Würfel schneiden
1 Eßl. gehackte	
Petersilie	
2 Lorbeerblätter	
	die drei Zutaten zu den Zwiebeln geben
375 ml (⅜ l)	
trockenen Weißwein	hinzugießen, zum Kochen bringen, durchdünsten lassen, mit
Salz	würzen
20 Pfefferkörner	dazugeben, die Muscheln hineingeben, unter Rühren so lange erhitzen, bis sie sich öffenen (Muscheln, die sich nach dem Garen nicht öffnen, sind ungenießbar) die Muscheln in einer vorgewärmten Schüssel anrichten den Muschelsud mit Salz
Pfeffer	abschmecken, zu den Muscheln reichen.
Beigabe:	Schwarzbrot oder Weißbrot.

Fleisch

Geschmorte Schweinerippchen

Etwa 1 kg Schweinerippchen (Schälrippchen)	unter fließendem kalten Wasser abspülen, trockentupfen, in Portionsstücke schneiden, mit
Salz grob gemahlenem Pfeffer gerebeltem Majoran	einreiben
2 mittelgroße Zwiebeln	abziehen, vierteln
Speiseöl	in einem Schmortopf erhitzen, Rippchen und Zwiebelviertel portionsweise von allen Seiten darin gut anbraten
2 Lorbeerblätter 4 Pimentkörner	hinzufügen
250 ml (¼ l) heißes Wasser 2 – 3 Eßl. Zitronensaft	hinzugießen, den Schmortopf zugedeckt auf dem Rost in den vorgeheizten Backofen schieben, etwa 10 Minuten vor Beendigung der Garzeit das Fleisch ohne Deckel bräunen lassen
Strom:	200 – 225
Gas:	3 – 4
Schmorzeit:	55 – 60 Minuten.
Beigabe:	Stangenweißbrot, Paprika-Salat.

Eisbein mit Sauerkraut

1 kg Eisbein	unter fließendem kalten Wasser abspülen, in
500 ml (½ l) Wasser	geben, zum Kochen bringen, etwa 1½ Stunden kochen lassen
1 mittelgroße Zwiebel	abziehen, mit
750 g Sauerkraut 1 Lorbeerblatt 3 Nelken	in die Kochbrühe zu dem Eisbein geben, zum Kochen bringen, noch etwa 1 Stunde kochen lassen
1 mittelgroße Kartoffel	schälen, waschen, reiben, zu dem Sauerkraut geben, kurz aufkochen lassen, damit es sämig wird, das Sauerkraut mit
Salz frisch gemahlenem weißen Pfeffer Zucker	abschmecken.
Beilage:	Kartoffelpüree.

Schwarzwälder Schäufele

Etwa 700 g gepökelte, leicht geräucherte Schweineschulter	unter fließendem kalten Wasser abspülen
1 l Wasser	mit
500 ml (½ l) Weißwein	
1 abgezogenen mittelgroßen Zwiebel	
3 Nelken	
1 Lorbeerblatt	
4 Wacholderbeeren	
5 schwarzen Pfefferkörnern	
gerebeltem Thymian	zum Kochen bringen, das Fleisch hineingeben, zum Kochen bringen, bei schwacher Hitze in etwa 1½ Stunden gar kochen lassen, herausnehmen, abtropfen lassen, in Scheiben schneiden, auf einer vorgewärmten Platte anrichten.
Beilage:	Kartoffelsalat.

Schweineschnitzel mit Spiegelei

4 Schweineschnitzel (je etwa 150 g)	leicht flachklopfen, mit
Salz	
frisch gemahlenem schwarzen Pfeffer	
Paprika edelsüß	bestreuen
	die Schnitzel zunächst in
1 gestrichenen Eßl. Weizenmehl	dann in
1 verschlagenem Ei	zuletzt in
50 g Semmelmehl	wenden
50 – 60 g Butterschmalz	erhitzen, die Schnitzel von beiden Seiten etwa 10 Minuten darin braten, auf einer vorgewärmten Platte anrichten, warm stellen
Butterschmalz	zerlassen
4 Eier	aufschlagen, nebeneinander in das Fett gleiten lassen, so lange erhitzen, bis das Eiweiß fest, das Eigelb noch weich ist
	auf jedes Schnitzel ein fertiges Spiegelei setzen
	mit
Salz	
Paprika edelsüß	bestreuen.
Beilage:	Kartoffelpüree.

Koteletts mit Champignon-Zwiebeln

4 Schweinekoteletts	
(je etwa 200 g)	abspülen, mit Haushaltspapier trockentupfen, leicht klopfen, mit
Salz	
frisch gemahlenem	
weißen Pfeffer	
Paprika edelsüß	bestreuen
2 – 3 Eßl.	
Butterschmalz	erhitzen, die Koteletts von beiden Seiten darin etwa 10 Minuten braten die Koteletts herausnehmen, warm stellen
	für die Champignon-Zwiebeln
200 g kleine Zwiebeln	abziehen, in
wenig Salzwasser	geben, zum Kochen bringen, 8 – 10 Minuten kochen, abtropfen lassen
200 g kleine	
Champignons	putzen, waschen, gut abtropfen lassen, mit den Zwiebeln in das Bratfett geben, mit
Salz	
frisch gemahlenem	
weißen Pfeffer	würzen, zugedeckt 5 – 8 Minuten dünsten lassen
2 Eßl. Weinbrand	
2 – 3 Eßl. Crème fraîche	
oder	
saure Sahne	unterrühren, mit Salz, Pfeffer,
Paprika edelsüß	abschmecken, die Flüssigkeit etwas einkochen lassen das Gemüse mit der Soße über die Koteletts geben.
Beilage:	Reis oder Nudeln.

Schweinekoteletts, paniert

4 Schweinekoteletts	
(je etwa 200 g)	abspülen, mit Haushaltspapier trockentupfen, leicht klopfen, mit
Salz	
frisch gemahlenem	
weißen Pfeffer	
Paprika edelsüß	bestreuen die Koteletts zunächst in
2 Eßl. Weizenmehl	dann in
1 verschlagenen Ei	zuletzt in
40 g Semmelmehl	wenden
50 g Pflanzenfett	erhitzen, die Koteletts von jeder Seite etwa 8 Minuten darin braten, auf einer vorgewärmten Platte anrichten.
Beilage:	Erbsen-Möhren-Gemüse.

Curry-Koteletts

4 Schweinekoteletts (je etwa 200 g)	abspülen, mit Haushaltspapier trockentupfen, leicht klopfen, mit
Salz frisch gemahlenem weißen Pfeffer Currypulver Paprika edelsüß	bestreuen, mit
Speiseöl	bestreichen, auf ein genügend großes Stück Bratfolie legen, die Folie verschließen, auf dem kalten Rost in die Mitte des vorgeheizten Backofens schieben
Strom:	Etwa 200
Gas:	Etwa 3
Bratzeit:	Etwa 30 Minuten die garen Koteletts auf einer vorgewärmten Platte anrichten, mit
Tomatenachteln Petersilienblättchen	garnieren, den Bratensaft dazureichen.
Beigabe:	Tomaten-Salat, Röstkartoffeln.

Gegrillter Schweinebauch

8 dünne Scheiben durchwachsenen Schweinebauch (je etwa 60 g)	unter fließendem kalten Wasser abspülen, mit Haushaltspapier trockentupfen
3 Eßl. mittelscharfer Senf	mit dem
Saft von ½ Zitrone 1 Teel. geriebenem Meerrettich (aus dem Glas) Salz frisch gemahlenem schwarzen Pfeffer Paprika edelsüß gerebeltem Thymian 2 Eßl. Speiseöl	verrühren, die Schweinebauchscheiben damit bestreichen, auf den heißen Grillrost legen, unter den vorgeheizten Grill schieben, etwa 5 Minuten auf jeder Seite grillen das Fleisch mit
125 ml (⅛ l) hellem Bier	bestreichen oder beträufeln, weitere 3 – 4 Minuten grillen, damit es eine knusprige Kruste bekommt.
Beigabe:	Gemischter Salat, Stangenweißbrot.

Schaschlik

(Foto Seite 58)

300 g Schweineschulter	
4 Scheiben Leber	beide Zutaten abspülen, trockentupfen, die Leber enthäuten
250 g Tomaten	waschen, abtrocknen
1 große Banane	schälen
1 – 2 Zwiebeln	abziehen
125 g durchwachsener Speck	
einige Essiggurken	
	alle Zutaten in Stücke oder Scheiben von gewünschter Größe (am besten gut 3 cm groß) schneiden, in beliebiger Reihenfolge auf Grillspieße stecken, dünn mit
Speiseöl	bestreichen
	einen Grillrost mit Alufolie belegen, die Spieße darauf legen, unter den vorgeheizten Grill schieben, zunächst von der einen, dann von der anderen Seite grillen, nach dem Umdrehen die Spieße nochmals mit Speiseöl bestreichen, nach dem Grillen mit
Schaschlik-Gewürz	bestreuen
Strom:	Jede Seite etwa 8 Minuten
Gas:	Jede Seite etwa 4 – 5 Minuten.
Beigabe:	Curry-Reis, Gemischter Salat.

Bratwurst-Spieße

250 g Zwiebeln	abziehen, halbieren, in Scheiben schneiden
2 Paprikaschoten	halbieren, entstielen, entkernen, die weißen Scheidewände entfernen, Schoten waschen, in Streifen schneiden
250 g Tomaten	enthäuten, in Scheiben schneiden, das Gemüse mit
Salz, Pfeffer	
Paprika edelsüß	würzen
2 Eßl. Speiseöl	unterrühren, in einen gewässerten Tontopf geben
4 Bratwürste	
4 dünne Scheiben durchwachsenen Speck	
	beide Zutaten in 3 cm lange Stücke schneiden
2 Gewürzgurken	
Tomatenviertel	
	die vier Zutaten abwechselnd auf Spieße stecken, auf das Gemüse legen
1 Eßl. Speiseöl	mit Paprika edelsüß verrühren, die Bratwurstspieße damit bestreichen, den Topf verschließen, auf dem Rost in den Backofen schieben
Strom:	200 – 225, **Gas:** 4 – 5
Garzeit:	Etwa 1 Stunde.

Ochsenschwanz mit Staudensellerie

(Foto Seite 59)

Etwa 200 g durchwachsenen Speck	in Würfel schneiden, glasig braten lassen
1 kg Ochsenschwanz (in etwa 3 cm dicken Scheiben)	abspülen, trockentupfen, im Speckfett anbraten, mit
Salz	
Pfeffer	würzen, das Fleisch herausnehmen
4 Stangen Staudensellerie	putzen, waschen, in etwa 2 cm große Stücke schneiden
1 Zwiebel	
1 Knoblauchzehe	beide Zutaten abziehen, fein würfeln, mit den Staudenselleriestücken in dem Bratensatz andünsten
250 ml (¼ l) Weißwein	hinzugießen, durchdünsten, Fleisch zu dem Gemüse geben
1 kg Tomaten (aus der Dose)	vierteln, mit der Flüssigkeit zu dem Fleisch geben das Fleisch im geschlossenen Topf etwa 2 Stunden schmoren, ab und zu wenden, verdampfte Flüssigkeit durch
heiße Instant-Fleischbrühe	ersetzen.
Beigabe:	Reis oder Nudeln, Gemischter Salat.

Geschnetzeltes in Sahne-Soße

500 g Schweinefleisch (Schulter)	unter fließendem kalten Wasser abspülen, trockentupfen, in hauchdünne Scheibchen schneiden, mit
2 Eßl. Weizenmehl	bestäuben
1 Zwiebel	abziehen, würfeln
1 Eßl. Margarine	erhitzen, die Hälfte der Zwiebelwürfel, die Hälfte des Fleisches etwa 2 Minuten unter häufigem Umrühren darin braten lassen, aus der Pfanne nehmen
1 Eßl. Margarine	erhitzen, das restliche Fleisch und die restlichen Zwiebelwürfel hineingeben, auf die gleiche Weise zubereiten, das Fleisch warm stellen
1 Zwiebel	abziehen, würfeln
1 Eßl. Margarine	erhitzen, die Zwiebelwürfel darin andünsten
200 g Champignons (aus der Dose)	zu den Zwiebelwürfeln geben, durchdünsten, das Fleisch,
125 ml (⅛ l) Weißwein	
250 ml (¼ l) Schlagsahne	hinzufügen, mit
Salz	
Pfeffer	würzen, das Geschnetzelte etwa 6 Minuten erhitzen, sofort servieren.
Beilage:	Rösti.

Bunter Gulaschtopf

500 g Gulaschfleisch (halb Rind-, halb Schweinefleisch)	waschen, abtrocknen, in etwa 1½ cm große Würfel schneiden
3 Eßl. Speiseöl	erhitzen, die Fleischwürfel darin von allen Seiten etwa 10 Minuten anbraten
3 mittelgroße Zwiebeln	abziehen, würfeln, hinzufügen, durchdünsten lassen das Fleisch mit
Salz frisch gemahlenem schwarzen Pfeffer Paprika edelsüß Cayennepfeffer	würzen
750 ml (¾ l) Instant-Fleischbrühe	hinzugießen, verrühren, das Fleisch zum Kochen bringen
500 g Kartoffeln	schälen, waschen, in Würfel schneiden
500 g Grüne Bohnen	abfädeln, waschen, in Stücke schneiden oder brechen
1 kleine rote Paprikaschote	halbieren, entstielen, entkernen, die weißen Scheidewände entfernen, die Schote waschen, in Streifen schneiden
3 – 4 Bohnenkrautzweige	vorsichtig unter fließendem kalten Wasser abspülen, mit Haushaltspapier trockentupfen
	wenn das Fleisch etwa 30 Minuten gekocht hat, die Kartoffelwürfel hinzufügen, zum Kochen bringen, etwa 5 Minuten kochen lassen
	Bohnen, Paprika, Bohnenkraut hinzufügen, zum Kochen bringen, etwa 10 Minuten kochen lassen
250 g Tomaten	kurze Zeit in kochendes Wasser legen (nicht kochen lassen), in kaltem Wasser abschrecken, enthäuten, die Stengelansätze herausschneiden, die Tomaten vierteln, in den Eintopf geben, miterhitzen
	den Eintopf mit Salz, Pfeffer, Paprika edelsüß abschmecken.

Ungarisches Gulasch

400 g Zwiebeln	abziehen, würfeln
100 g Schweineschmalz	erhitzen, die Zwiebelwürfel darin hellgelb dünsten lassen
2 – 3 Eßl. Tomatenmark	unterrühren, so lange rühren, bis eine weiche Masse entstanden ist
2 gestrichene Teel. Paprika edelsüß 3 Eßl. Weiß- oder Rotwein	unterrühren

500 g Gulaschfleisch (halb Rind-, halb Schweinefleisch)	mit
frisch gemahlenem schwarzen Pfeffer	bestreuen, zu der Zwiebelmasse geben, etwa 50 Minuten schmoren lassen
500 ml (½ l) heiße Instant-Fleischbrühe	hinzugießen, das Fleisch in etwa 25 Minuten gar schmoren lassen das Gulasch mit Pfeffer, Paprika
Salz	
Weiß- oder Rotwein	
Tabascosoße	abschmecken nach Belieben
2 gestrichene Teel. Speisestärke	mit
1 Eßl. kaltem Wasser	anrühren, das Gulasch damit binden.
Beigabe:	Nudeln, Gemischter Salat.

Szegediner Gulasch

200 g Zwiebeln	abziehen, in Scheiben schneiden
250 g Schweinefleisch (Schulter)	
250 g Rindfleisch (Nacken)	
	das Fleisch waschen, abtrocknen, in 2 cm große Würfel schneiden, mit
Salz	bestreuen
50 g Schweineschmalz	erhitzen, die Zwiebeln etwa 10 Minuten darin dünsten lassen
1 Eßl. Paprika edelsüß	
1 gut gehäuften Eßl. Tomatenmark	hinzufügen, das Fleisch hinzugeben, etwa 30 Minuten schmoren lassen
500 g frisches Sauerkraut	auf das Fleisch geben
500 ml (½ l) heiße Instant-Fleischbrühe	hinzugießen, umrühren das Gericht zum Kochen bringen, etwa 1 Stunde garen lassen
125 ml (⅛ l) saure Sahne	hinzufügen
1 Teel. Speisestärke	mit
1 Eßl. kaltem Wasser	anrühren, das Gulasch damit binden, mit Salz,
frisch gemahlenem weißen Pfeffer	abschmecken.
Beilage:	Salzkartoffeln oder Reis.

Nieren mit Schinken

500 g Schweinenieren	aufschneiden, von den Röhren befreien, gründlich waschen, mit
500 ml (½ l) Milch	übergießen, 1 Stunde darin liegenlassen, trockentupfen, in Scheiben schneiden
80 g durchwachsenen Speck	in Streifen schneiden
1 Zwiebel	abziehen, würfeln
120 g Champignons (aus der Dose)	abtropfen lassen (Pilzflüssigkeit auffangen)
100 g gekochten Schinken	in Streifen schneiden
1 kleinen Apfel	schälen, vierteln, entkernen, in feine Scheiben schneiden
50 g Margarine	erhitzen, die Nierenscheiben darin von jeder Seite etwa 3 Minuten braten, mit
Salz frisch gemahlenem schwarzen Pfeffer	bestreuen, auf eine vorgewärmte Platte geben, warm stellen Speckstreifen, Zwiebelwürfel in dem Bratfett unter Wenden 2 Minuten bräunen Pilze, Schinkenstreifen, Apfelscheiben hinzufügen, mit Pfeffer,
Streuwürze 1 Messerspitze gemahlenem Salbei 1 Messerspitze gemahlenem Rosmarin	würzen, die Zutaten 3 Minuten braten, auf die Nierenscheiben geben, warm stellen den Bratensatz mit der Pilzflüssigkeit loskochen
125 ml (⅛ l) Schlagsahne	hinzufügen, die Flüssigkeit etwas einkochen lassen, über die angerichteten Nieren geben, mit
1 Eßl. gehackter Petersilie	bestreuen.
Beigabe:	Nudeln, Grüner Salat.

Rinderherz-Ragout

600 g Rinderherz	quer in Hälften schneiden, Adern, Haut, Blut entfernen, das Fleisch wässern, in Stücke schneiden, in
500 ml (½ l) kochendes Salzwasser	geben, zum Kochen bringen, abschäumen
1 Lorbeerblatt 3 Gewürznelken 5 Pimentkörner (Nelkenpfeffer)	hinzufügen, das Fleisch in etwa 1½ Stunden gar

	kochen lassen die Brühe durch ein Sieb geben, 500 ml (½ l) davon abmessen (evtl. mit Wasser auffüllen)
	für die Soße
50 g Butter oder Margarine	zerlassen
50 g Weizenmehl	unter Rühren so lange darin erhitzen, bis es braun ist
1 mittelgroße Zwiebel	abziehen, fein würfeln, in das leicht gebräunte Mehl geben
500 ml (½ l) Rinderherzbrühe	hinzugießen, mit einem Schneebesen durchschlagen, darauf achten, daß keine Klumpen entstehen, die Soße zum Kochen bringen, etwa 5 Minuten kochen lassen, das Fleisch in die Soße geben, kurz aufkochen lassen das Ragout mit
1 Eßl. Zitronensaft 1 Eßl. Salz frisch gemahlenem weißen Pfeffer Zucker	abschmecken
1 Gewürzgurke	in Würfel oder Scheiben schneiden, in das Ragout geben.
Beilage:	Kräuter-Reis.

Leberpfanne mit Salbei

600 g Rinderleber	abspülen, mit Haushaltspapier trockentupfen, evtl. Sehnen und Röhren entfernen, die Leber in Streifen schneiden, in
Weizenmehl	wenden
150 g Zwiebeln	abziehen, würfeln
200 g Champignons	putzen, waschen, in dünne Scheiben schneiden
75 g durchwachsenen Speck	in Würfel schneiden
2 Eßl. Speiseöl	erhitzen, die Speckwürfel darin ausbraten
10 – 15 Salbeiblättchen	vorsichtig abspülen, trockentupfen, mit den Leberstreifen zu dem Speck geben, unter Rühren etwa 3 Minuten braten lassen, mit
Salz frisch gemahlenem schwarzen Pfeffer Paprika edelsüß	würzen, die Zwiebelwürfel hinzufügen, durchdünsten lassen die Champignonscheiben,
125 ml (⅛ l) Rotwein	hinzugeben, zum Kochen bringen, die Leberpfanne etwa 5 Minuten schmoren lassen
½ Becher (75 g) Crème fraîche	unterrühren, die Leberpfanne mit Salz, Pfeffer, Paprika edelsüß abschmecken.
Beilage:	Reis.

Leberrouladen

4 entsteinte, getrocknete Pflaumen	etwa 12 Stunden in kaltem Wasser einweichen, gut abtropfen lassen, klein hacken
1 Apfel	schälen, vierteln, entkernen, raspeln
50 g durchwachsenen Speck	in Würfel schneiden
	die Zutaten miteinander vermengen
4 dünne, große Scheiben Rinderleber (je 150 – 200 g)	abspülen, trockentupfen, auf der Innenseite mit
Salz, Pfeffer gerebeltem Majoran	bestreuen
	die Füllung auf die Leberscheiben geben, von der schmalen Seite her aufrollen, mit Holzspießchen oder Küchengarn zusammenhalten
2 Eßl. Speiseöl	mit
1 Eßl. Margarine	erhitzen, die Leberrouladen von allen Seiten gut darin anbraten
250 ml (¼ l) Apfelwein	hinzugießen, die Rouladen in etwa 10 Minuten gar schmoren lassen, von den Holzspießchen oder Küchengarn befreien
	evtl. noch etwas
Apfelwein	hinzugießen
	die Flüssigkeit mit
3 – 4 Eßl. Apfelmus	binden, die Soße mit Salz, Pfeffer, Majoran abschmecken die Rouladen in der Soße servieren.
Beigabe:	Salzkartoffeln oder Kartoffelpüree, Grüner Salat oder Apfel-Chicorée-Salat.

Leberle, sauer

600 g Schweineleber	enthäuten, unter fließendem kalten Wasser abspülen, trockentupfen, in Würfel schneiden
100 g Speck	in kleine Würfel schneiden, auslassen, die Leberwürfel von allen Seiten gut darin anbraten
1 Zwiebel	abziehen, fein würfeln, mitbräunen lassen, mit
30 g Weizenmehl	bestäuben, mitbräunen lassen
500 ml (½ l) Instant-Fleischbrühe	hinzugießen, mit
Salz Pfeffer	würzen
	die Leber in 10 – 15 Minuten gar schmoren lassen
2 Eßl. Essig	hinzufügen, mit Salz,
Zucker	abschmecken.
Beigabe:	Kartoffelpüree, Gemischter Salat.

Leberknödel

400 g (etwa 10) Brötchen (vom Vortag)	in knapp 2 mm dicke Blättchen schneiden, mit
500 ml (½ l) kochendheißer Milch	übergießen, etwa 1 Stunde quellen lassen
250 g Rinderleber	unter fließendem kalten Wasser abspülen, trockentupfen, von der feinen Haut befreien, evtl. Sehnen und Röhren entfernen
1 Zwiebel	abziehen beide Zutaten grob zerkleinern, durch den Fleischwolf drehen, mit
1 Eßl. gehackter Petersilie **2 Eiern** **1 gestrichenem Teel. Backpulver**	unter die Semmelmasse rühren die Masse mit
Salz **Pfeffer** **gerebeltem Majoran** **abgeriebener Zitronenschale (unbehandelt)**	abschmecken, mit nassen Händen Klöße daraus formen, in
kochendes Salzwasser	geben, zum Kochen bringen, in etwa 20 Minuten gar ziehen lassen (Wasser muß sich leicht bewegen).
Beilage:	Salzkartoffeln, Sauerkraut.

Leber Berliner Art

4 Scheiben Schweineleber (je 80 – 100 g)	unter fließendem kalten Wasser abspülen, trockentupfen, in
Weizenmehl	wenden
Margarine	zerlassen, die Leberscheiben von beiden Seiten etwa 6 – 10 Minuten darin braten, mit
Salz	bestreuen, warm stellen
3 mittelgroße Zwiebeln	abziehen
Butter oder Margarine	zerlassen, die Zwiebelscheiben darin goldgelb dünsten lassen, auf die Leberscheiben verteilen
2 Äpfel	schälen, das Kerngehäuse ausstechen, die Äpfel in Scheiben schneiden, in dem Bratfett anbraten, mit den Leberscheiben anrichten.
Beilage:	Kartoffelpüree.

Hackbraten mit grünem Pfeffer

(Foto Seite 77)

250 g Möhren	putzen, schrappen, waschen, in
kochendes Salzwasser	geben, zum Kochen bringen, 8 – 10 Minuten kochen, abtropfen lassen, in Würfel schneiden
1 Brötchen	in kaltem Wasser einweichen, gut ausdrücken
1 Zwiebel	abziehen, fein würfeln
200 g durchwachsenen Speck	in Würfel schneiden
600 g Gehacktes (halb Rind-, halb Schweinefleisch)	mit dem Brötchen, den Zwiebelwürfeln, den Speckwürfeln
2 Eiern	vermengen, mit
1 Teel. gerebeltem Majoran	
1 Teel. gerebeltem Thymian	
Salz, Pfeffer	würzen
25 g eingelegten grünen Pfeffer	abtropfen lassen, mit einer Gabel zerdrücken, unter die Hackfleischmasse geben
1 Bund Petersilie	waschen, fein hacken
	eine Königskuchenform mit
Margarine	ausfetten, die Hälfte der Hackfleischmasse hineingeben, glattstreichen, zuerst die vorbereiteten Möhren, dann die Petersilie darüber verteilen, den restlichen Fleischteig darüber geben, glattstreichen, nach Belieben auf der Teigoberfläche mit einem Messer der Länge nach eine Vertiefung eindrücken
1 Eßl. eingelegten grünen Pfeffer	abtropfen lassen, in die Vertiefung geben, die Form auf dem Rost in den vorgeheizten Backofen schieben
Strom:	200 – 225
Gas:	3 – 4
Bratzeit:	Etwa 1 Stunde
	von dem garen Hackbraten den herausgetretenen Fleischsaft abgießen, den Hackbraten aus der Form nehmen, in Scheiben schneiden, warm stellen
	für die Soße
	den Fleischsaft durch ein Sieb gießen, mit
125 ml (⅛ l) Instant-Fleischbrühe	auffüllen, zum Kochen bringen
1 gestrichenen Eßl. Weizenmehl	mit
etwas kaltem Wasser	anrühren, die Soße damit binden, evtl. mit Salz, Pfeffer, Majoran, Thymian abschmecken.
Beilage:	Bratkartoffeln.

Hackbraten, Rezept S. 76

Paprika-Hähnchen, Rezept S. 88

Schmorhähnchen mit Aprikosen, Rezept S. 89

Bayerischer Wurstsalat, Rezept S. 81

Bayerischer Wurstsalat

(Foto Seite 80)

300 g Fleischwurst	enthäuten
1 Gewürzgurke	
	beide Zutaten in Scheiben, dann in Streifen schneiden
1 Apfel	schälen, vierteln, entkernen
3 – 4 gekochte Möhren	
	beide Zutaten würfeln
2 – 3 Zwiebeln	abziehen, in Scheiben schneiden, in Ringe teilen
	für die Salat-Soße
4 Eßl. Salatöl	mit
3 Eßl. Essig	verrühren, mit
frisch gemahlenem schwarzen Pfeffer	würzen, mit den Salatzutaten vermengen, etwas durchziehen lassen
	den Wurstsalat mit
feingeschnittenem Schnittlauch	bestreut servieren.
Beigabe:	Bauernbrot.

Bäuerlicher Fleischpudding

1 Zwiebel	abziehen, würfeln
2 eingeweichte Brötchen	gut ausdrücken
500 g Gehacktes (halb Rind-, halb Schweinefleisch)	
3 Eier	
	alle Zutaten miteinander vermengen, mit
Salz	
frisch gemahlenem weißen Pfeffer	
geriebener Muskatnuß	würzen
50 g geriebenen Gouda-Gäse	
4 Eßl. Schlagsahne	unterrühren
	die Masse in den ungelochten, gefetteten Einsatz des Schnellkochtopfes füllen
250 ml (¼ l) Wasser	in den Schnellkochtopf gießen, den Einsatz hineinstellen, den Schnellkochtopf schließen, etwa 15 Minuten garen lassen den Fleischpudding auf eine Platte stürzen, warm oder kalt servieren.
Beigabe:	Stangenweißbrot, Gemischter Salat.

Hackfleisch-Spieße

1 mittelgroße Zwiebel	abziehen, fein würfeln
2 Knoblauchzehen	abziehen, zerdrücken
1 Bund glatte Petersilie	abspülen, trockentupfen, fein hacken die drei Zutaten mit
600 g Gehacktem (halb Rind-, halb Schweinefleisch) 1 Teel. mildem Senf 1 Teel. Salz 1 Teel. frisch gemahlenem weißen Pfeffer	verkneten aus der Hackfleisch-Masse mit nassen Händen 2 – 3 cm dicke Röllchen formen, Metall-Grillspieße durch die Röllchen stecken die Hackfleisch-Spieße auf den Holzkohlengrill oder auf Alufolie unter den Elektrogrill legen, in etwa 10 Minuten von allen Seiten knusprig braun grillen
	für die Joghurt-Soße
2 Knoblauchzehen	abziehen, zerdrücken, mit
500 g Joghurt 4 Eßl. zerlassener Butter 2 Eßl. feingehacktem Dill	verrühren, zu den Spießen servieren.
Beigabe:	Bauernbrot, Gemischter Salat.

Königsberger Klopse

1 Brötchen	in kaltem Wasser einweichen
1 mittelgroße Zwiebel	abziehen, fein würfeln
500 g Gehacktes (halb Rind-, halb Schweinefleisch)	mit dem gut ausgedrückten Brötchen, der Zwiebel,
1 Eiweiß 2 gestrichenen Teel. Senf	vermengen, mit
Salz frisch gemahlenem weißen Pfeffer	abschmecken, aus der Masse mit nassen Händen Klopse formen, in
750 ml (¾ l) kochendes Salzwasser	geben, zum Kochen bringen, abschäumen, die Klopse

	darin in etwa 15 Minuten gar ziehen lassen (Wasser muß sich bewegen)
	die Brühe durch ein Sieb gießen, 500 ml (½ l) davon abmessen
	für die Soße
30 g Margarine	zerlassen
35 g Weizenmehl	unter Rühren so lange darin erhitzen, bis es hellgelb ist
500 ml (½ l) Fleischbrühe	hinzugießen, mit einem Schneebesen durchschlagen, darauf achten, daß keine Klumpen entstehen, die Soße zum Kochen bringen, etwa 5 Minuten kochen lassen
1 Eigelb	mit
2 Eßl. kalter Milch	verschlagen, die Soße damit abziehen (nicht mehr kochen lassen)
1 Eßl. Kapern	hinzufügen, mit
Salz frisch gemahlenem weißen Pfeffer Speisewürze Zitronensaft	abschmecken, die Klopse in die Soße geben, 5 Minuten darin ziehen lassen.
Beilage:	Salzkartoffeln.

Kräuter-Frikadellen

400 g Gehacktes (halb Rind-, halb Schweinefleisch)	mit
200 g gut abgetropftem Speisequark (Magerstufe)	in eine Schüssel geben
2 kleine Zwiebeln	abziehen, fein würfeln, mit
2 Eßl. feingeschnittenem Schnittlauch 2 Eßl. gehackter Petersilie 2 Eiern	zu dem Fleisch geben, mit
Salz frisch gemahlenem weißen Pfeffer	würzen, gut vermengen, nochmals mit Salz, Pfeffer abschmecken
	aus dem Fleischteig mit nassen Händen vier Frikadellen formen, in
40 g Semmelmehl	wenden
40 g Margarine	erhitzen, die Frikadellen von jeder Seite darin etwa 5 Minuten braten.
Beilage:	Möhrengemüse, Kartoffelpüree.

Würstchen im Hemd

4 dicke Knackwürstchen	zu beiden Seiten der Länge nach bis auf einen etwa ½ cm breiten Steg einschneiden, die Wurst-Öffnungen mit
Senf	bestreichen
50 g Gouda-Käse (in Scheiben)	in Streifen schneiden, in die Wurst-Öffnungen geben jeweils 2 Scheiben von
8 Scheiben durchwachsenem Speck	um eine Knackwurst wickeln die Würstchen nebeneinander in die heiße Grillpfanne legen, etwa 8 Minuten goldbraun braten, während des Bratens ab und zu wenden.
Beilage:	Kartoffelsalat.

Sülze

1 l Salzwasser	zum Kochen bringen
500 g Schweinefleisch (Schulter)	waschen, hineingeben, zum Kochen bringen, abschäumen
1 Zwiebel	abziehen
1 Päckchen tiefgekühltes Suppengrün (75 g)	die Zutaten mit
1 Lorbeerblatt	
3 – 4 Pfefferkörnern	hinzufügen, das Fleisch in etwa 1½ Stunden gar kochen lassen, aus der Brühe nehmen, erkalten lassen, in Würfel schneiden, die Brühe durch ein Sieb gießen, 375 ml (⅜ l) davon abmessen
125 ml (⅛ l) Essig	hinzufügen, mit
Salz	
Zucker	abschmecken
1 Päckchen Gelatine gemahlen, weiß	mit
5 Eßl. kaltem Wasser	anrühren, 10 Minuten zum Quellen stehenlassen die Brühe wieder zum Kochen bringen, von der Kochstelle nehmen, die Gelatine hineingeben, so lange rühren, bis sie gelöst ist, die Fleischwürfel hinzugeben die Flüssigkeit mit dem Fleisch in mit kaltem Wasser ausgespülte Tassen oder Förmchen füllen, im Kühlschrank erstarren lassen wenn die Sülze schnittfest ist, sie mit einem Messer vorsichtig vom Rand des Gefäßes lösen (evtl. vorher kurz in heißes Wasser halten), auf eine Platte stürzen.
Beigabe:	Bratkartoffeln, Remouladen-Soße.

Geflügel

Huhn in Rotwein

1 küchenfertiges Huhn (etwa 1¼ kg)	waschen, abtrocknen, in 6 – 8 Stücke schneiden, mit
frisch gemahlenem schwarzen Pfeffer	einreiben
80 g durchwachsenen Speck	in Würfel schneiden, im offenen Schnellkochtopf auslassen
50 g Margarine	hinzufügen, zerlassen, das Fleisch von allen Seiten gut darin anbraten
1 mittelgroße Zwiebel	abziehen, würfeln
200 g Champignons	putzen, waschen, vierteln
	die beiden Zutaten zu dem Fleisch geben, einige Minuten mitschmoren lassen
250 ml (¼ l) Rotwein	
125 ml (⅛ l) Instant-Fleischbrühe	hinzugießen
1 Lorbeerblatt	
4 Nelken	
gerebelten Rosmarin	dazugeben, den Topf schließen, 8 – 10 Minuten garen lassen
	das Fleisch auf einer vorgewärmten Platte anrichten, warm stellen
2 gestrichene Eßl. Weizenmehl	mit
3 Eßl. Rotwein	anrühren, die Flüssigkeit damit binden
	die Soße mit Pfeffer abschmecken.
Beilage:	Bandnudeln.

Poularde mit Leberfüllung

1 küchenfertige Poularde (etwa 1,2 kg)	waschen, abtrocknen
	für die Füllung
½ Brötchen	in kaltem Wasser einweichen, gut ausdrücken
1 mittelgroße Zwiebel	abziehen, würfeln
1 Eßl. Margarine	zerlassen, die Zwiebel darin glasig dünsten lassen
1 Poulardenleber	
250 g Geflügelleber	waschen, abtrocknen, evtl. Haut entfernen, die Leber zu der Zwiebel geben, rundherum anbraten, abkühlen lassen, mit dem Brötchen,
1 Eßl. Semmelmehl	
1 Ei	verrühren, mit
Salz	

frisch gemahlenem schwarzen Pfeffer Thymian	würzen
	die Bauchhöhle der Poularde mit Salz, Pfeffer ausstreuen, die Füllung hineingeben, die Poularde zunähen, rundherum mit Salz, Pfeffer,
Paprika edelsüß Currypulver	bestreuen, mit dem Rücken nach oben in eine längliche, feuerfeste Form legen
	die Poularde mit der Hälfte von
1 Eßl. zerlassenem Kokosfett	bestreichen
	die Form ohne Deckel in den Backofen stellen
Strom:	Etwa 200
Gas:	Etwa 3
Bratzeit:	Etwa 1 Stunde
	die Poularde nach 25 – 30 Minuten Bratzeit wenden, mit dem restlichen Fett bestreichen
	für die Soße
	den Bratensatz mit Wasser lösen, in einen Topf geben, evtl. mit Wasser auffüllen, zum Kochen bringen
1 – 2 Eßl. Weizenmehl	mit
3 – 4 Eßl. kaltem Wasser	anrühren, unter Rühren in die Flüssigkeit geben, zum Kochen bringen, etwa 5 Minuten kochen lassen
	die Soße evtl. mit Salz, Pfeffer abschmecken, zu der Poularde reichen.
Beilage:	Reis.

Salbei-Hähnchen

1 Poularde	unter fließendem kalten Wasser abspülen, trockentupfen
3 Knoblauchzehen	abziehen, würfeln
15 Salbeiblättchen	abspülen, trockentupfen, fein hacken
	das Hähnchen innen und außen mit
Salz	einreiben
Pfeffer	mit Knoblauch und Salbei vermengen, in das Hähnchen geben
	das Hähnchen in einen gewässerten Tontopf geben, mit
100 g Schinkenspeck	belegen
	den Tontopf schließen, auf dem Rost in den kalten Backofen schieben
Strom:	Etwa 200
Gas:	Etwa 3
Backzeit:	Etwa 70 Minuten
	das gare Hähnchen in Viertel schneiden, den Bratensatz entfetten, dazureichen.
Beigabe:	Brot, Grüner Salat.

Paprika-Hähnchen

(Foto Seite 78)

1 Hähnchen	enthäuten, innen mit fließendem kalten Wasser ausspülen, trockentupfen, das Hähnchen in acht Portionsstücke teilen, in
Weizenmehl	wenden
100 g durchwachsenen Speck	in feine Streifen schneiden
1 Zwiebel	
1 Knoblauchzehe	beide Zutaten abziehen, würfeln die Speckstreifen in einem Schmortopf langsam glasig braten lassen, herausnehmen Zwiebel- und Knoblauchwürfel in dem Speckfett weich dünsten lassen
2 Eßl. Paprika edelsüß	unterrühren, etwas erhitzen die Hähnchenstücke nebeneinander hineinlegen, bei schwacher Hitze zugedeckt etwa 30 Minuten schmoren lassen, ab und zu wenden
Leber (vom Hähnchen)	unter fließendem kalten Wasser abspülen, trockentupfen, zu dem Fleisch geben, etwa 10 Minuten weiterschmoren lassen
2 große enthäutete Fleischtomaten	kleinschneiden (Stengelansätze entfernen) die Tomaten zu dem Fleisch geben, mit
Salz	
Pfeffer	würzen, das Fleisch im offenen Topf noch etwa 10 Minuten weiterschmoren lassen
250 g saure Sahne	verrühren, über das gare Fleisch geben.
Beilage:	Reis.

Backhendl

1 Hähnchen (etwa 1 kg)	ausnehmen, waschen, abtrocknen, in 8 Portionsstücke teilen
1 Ei	mit
weißen Pfeffer	
Paprika edelsüß	
1 gestrichener Teel. Salz	verschlagen, die Hähnchenstücke darin wenden, rundum fest in
Semmelmehl	drücken
Fritierfett	in der Friteuse auf 180 – 190 Grad erhitzen, die Hähnchenstücke darin etwa 10 Minuten goldbraun ausbacken, auf Haushaltspapier abtropfen lassen.
Beilage:	Kartoffelsalat.

Schmorhähnchen mit Aprikosen

(Foto Seite 79)

1 Poularde (etwa 1 ½ kg)	enthäuten, innen mit fließendem kalten Wasser abspülen, trockentupfen, die Poularde in acht Stücke zerteilen
6 Eßl. Speiseöl	in einem großen Schmortopf erhitzen, die Fleischstücke portionsweise darin anbraten, herausnehmen, warm stellen
6 kleine Zwiebeln	abziehen, etwa die Hälfte würfeln, die restlichen Zwiebeln halbieren
3 Knoblauchzehen	abziehen, würfeln
4 enthäutete Fleischtomaten	vierteln (Stengelansätze herausschneiden)
100 g getrocknete Aprikosen	in kleine Stücke schneiden
	Zwiebeln und Knoblauch in dem Bratfett andünsten, Tomatenviertel, Aprikosenstücke hinzufügen, im offenen Topf durchdünsten lassen
	das Fleisch darauf geben, mit
1 Teel. Salz Cayennepfeffer	bestreuen
	das Hähnchen zugedeckt bei schwacher Hitze in etwa 1 Stunde gar schmoren lassen.
Beigabe:	Reis oder Stangenweißbrot.

Knoblauch-Hühnchen

1 Poularde (etwa 1 ½ kg)	enthäuten, innen mit fließendem kalten Wasser abspülen, trockentupfen, die Poularde in mehrere kleine Stücke zerteilen, das Fleisch mit
Salz Cayennepfeffer 1 Eßl. Speiseöl	einreiben
4 Eßl. Speiseöl	in einem großen Schmortopf erhitzen, das Fleisch hineingeben
1 Knoblauchknolle	in die einzelnen Zehen teilen, die Zehen ungeschält zu dem Fleisch geben
1 Eßl. Kräuter der Provence	darüber streuen
	den Topf fest mit dem Deckel verschließen, evtl. Alufolie zwischen Topf und Deckel legen, den Topf auf dem Rost in den vorgeheizten Backofen schieben
Strom:	Etwa 200
Gas:	Etwa 3
Bratzeit:	Etwa 1 ½ Stunden.
Tip:	Zum Essen den garen Knoblauch aus den Zehen auf geröstetes Weißbrot streichen.

Poularde mit Kräuterfüllung

100 g gekochten Schinken	in Würfel schneiden
1 Bund Petersilie	
1 Päckchen Kresse	
	beide Zutaten waschen, fein hacken
1 Bund Schnittlauch	waschen, kleinschneiden
	die vier Zutaten mit
1 Ei	verrühren
4 Eßl. Semmelmehl	unterrühren, mit
Salz	
Pfeffer	würzen
1 küchenfertige Poularde (etwa 1,2 kg)	waschen, abtrocknen, innen und außen mit Salz, Pfeffer einreiben, die Füllung hineingeben, die Öffnung zunähen die Poularde mit der Brust nach unten in eine feuerfeste Form legen
1 Teel. Paprika edelsüß	
40 g zerlassene Margarine	verrühren, die Poularde mit etwa der Hälfte davon bestreichen die Form ohne Deckel in den Backofen stellen
Strom:	Etwa 200
Gas:	Etwa 3
Bratzeit:	Etwa 1 Stunde etwa 20 Minuten vor Beendigung der Bratzeit die Poularde wenden, mit der restlichen Margarine bestreichen.
Beigabe:	Weißbrot, Tomaten-Salat.

Huhn mit Zitronensoße

1 küchenfertiges Suppenhuhn (etwa 1 kg)	waschen
1 Bund Suppengrün	putzen, waschen, kleinschneiden
1 Zwiebel	abziehen, mit
2 Nelken	spicken
2 l Salzwasser	zum Kochen bringen das Huhn mit dem Suppengrün, der gespickten Zwiebel,
1 Lorbeerblatt	
3 Zitronenscheiben	hineingeben, zum Kochen bringen, in 1 ½ – 2 Stunden gar kochen lassen das Huhn aus der Brühe nehmen, von den Knochen lösen, in Portionsstücke schneiden von der Brühe 500 ml (½ l) abmessen, die Fleischstücke wieder in die restliche Brühe geben, warm stellen

	für die Soße
60 g Margarine	zerlassen
60 g Weizenmehl	unter Rühren so lange darin erhitzen, bis es hellgelb ist
500 ml (½ l) Hühnerbrühe	hinzugießen, mit einem Schneebesen durchschlagen, darauf achten, daß keine Klumpen entstehen, zum Kochen bringen, etwa 10 Minuten kochen lassen
125 ml (⅛ l) saure Sahne	
etwas abgeriebene Zitronenschale (unbehandelt)	
1 Eßl. Zitronensaft	
2 – 3 Eßl. Weißwein	unterrühren, die Soße mit
Salz	
Zucker	abschmecken
1 Eßl. gehackte Petersilie	unterrühren die Fleischstücke auf einer vorgewärmten Platte anrichten, die Soße darüber verteilen.
Beilage:	Petersilien-Reis.

Huhn nach Art der Normandie

1 küchenfertige Poularde (etwa 1 ¼ kg)	waschen, abtrocknen, innen und außen mit
Salz	
frisch gemahlenem weißen Pfeffer	einreiben
1 Zweig oder etwas gerebelten Estragon	in die Bauchhöhle geben
4 säuerliche Äpfel	schälen, vierteln, entkernen
125 ml (⅛ l) Apfelwein	in eine feuerfeste Form gießen das Huhn mit der Brust nach unten hineinlegen, die Äpfel darum legen Huhn und Äpfel mit etwa der Hälfte von
40 – 50 g zerlassener Butter	beträufeln die Form ohne Deckel in den vorgeheizten Backofen stellen etwa 30 Minuten vor Beendigung der Bratzeit das Huhn wenden, mit der restlichen Butter beträufeln das gare Huhn in Portionsstücke teilen, mit den Äpfeln auf einer vorgewärmten Platte anrichten
Strom:	Etwa 225
Gas:	4 – 5
Bratzeit:	Etwa 1 Stunde.
Beilage:	Butterreis.

Reis-Hähnchen

1 Hähnchen (etwa 1 ¼ kg)	enthäuten, innen mit fließendem kalten Wasser ausspülen, trockentupfen, das Hähnchen in mehrere kleine Stücke zerteilen das Fleisch mit
etwa 1 Teel. Cayennepfeffer	einreiben
1 Eßl. Margarine	in einem Schmortopf zerlassen, das Fleisch hineingeben
1 große Knoblauchknolle	in die einzelnen Zehen teilen, die Zehen abziehen, zu dem Fleisch geben das Fleisch zugedeckt bei mittlerer Hitze etwa 30 Minuten schmoren lassen die Knoblauchzehen herausnehmen, durch ein Sieb streichen, aufbewahren die Schmorflüssigkeit abgießen, auffangen das Fleisch im offenen Topf bräunen lassen, warm stellen
1 große Zwiebel	abziehen, würfeln
1 Eßl. Margarine	zerlassen, die Zwiebelringe darin glasig dünsten lassen
200 g Rundkornreis	hinzufügen, unter Rühren anbraten
15 g Salbeiblättchen	abspülen, trockentupfen, fein hacken, hinzufügen die Schmorflüssigkeit von dem Fleisch zu dem Reis geben, aufkochen lassen
250 ml (¼ l) Instant-Hühnerbrühe	hinzugießen, zum Kochen bringen, das Knoblauchpüree hinzufügen, den Reis im offenen Topf in etwa 20 Minuten garen lassen, bis die Flüssigkeit verdampft ist den Reis auf einer vorgewärmten Platte anrichten, das Fleisch darauf geben.

Hähnchenkeulen in Sherry-Soße

4 Hähnchenkeulen	waschen, abtrocknen, mit
Salz frisch gemahlenem weißen Pfeffer	einreiben
2 Eßl. Margarine	erhitzen, die Keulen von allen Seiten darin braten, die garen Hähnchenkeulen auf einer vorgewärmten Platte anrichten, warm stellen
1 Zwiebel	abziehen, würfeln, in dem Bratfett dünsten lassen
2 Eßl. Weizenmehl	dazugeben, unter Rühren etwas bräunen lassen, mit
2 Teel. Currypulver	bestäuben
250 ml (¼ l) heiße Instant-Fleischbrühe	hinzugießen, mit einem Schneebesen durchschlagen,

	darauf achten, daß keine Klumpen entstehen, die Soße zum Kochen bringen, etwa 5 Minuten kochen lassen
125 ml (⅛ l) Schlagsahne	unterrühren, erhitzen (nicht mehr kochen) die Soße mit
100 – 125 ml ($^1/_{10}$ – ⅛ l) Sherry medium	abschmecken, einen Teil der Soße über die Hähnchenkeulen geben, die übrige Soße dazureichen.
Beigabe:	Butter-Reis, Endivien-Salat.

Hühner-Curry

1 küchenfertiges Suppenhuhn (etwa 1 kg)	waschen, abtrocknen
1 Bund Suppengrün	putzen, waschen, kleinschneiden das Huhn mit dem Suppengrün in
1 ½ – 2 l kochendes Salzwasser	geben, zum Kochen bringen, in etwa 1 ½ Stunden gar kochen lassen das Fleisch von den Knochen lösen, in Streifen schneiden die Brühe durch ein Sieb gießen, 500 ml (½ l) davon abmessen
2 Möhren	putzen, schrappen
1 Stück Sellerie	putzen, schälen beide Zutaten waschen, in kleine Würfel schneiden
1 Stange Porree	putzen, längs halbieren, waschen, in feine Streifen schneiden
1 mittelgroße Zwiebel	abziehen, würfeln
40 g Butter oder Margarine	zerlassen, das Gemüse etwa 10 Minuten darin dünsten lassen
1 ½ Eßl. Currypulver	dazugeben, kurz durchdünsten das Hühnerfleisch in dem Gemüse erhitzen, die Hühnerbrühe hinzugießen, zum Kochen bringen
3 Scheiben Ananas (aus der Dose)	abtropfen lassen
1 Banane	schälen
1 Apfel	schälen, halbieren, entkernen das Obst in kleine Stücke schneiden zu dem Curryfleisch geben, 3 – 5 Minuten ziehen lassen, mit
Salz Zucker	abschmecken, mit
Apfel- und Ananasscheiben	garnieren.
Beigabe:	Butter-Reis, Möhren-Salat.

Puten-Geschnetzeltes in Sahne-Soße

400 g Putenfleisch	unter fließendem kalten Wasser abspülen, trockentupfen, in dünne Streifen schneiden
30 g Pflanzenfett	erhitzen, das Fleisch portionsweise darin anbraten, mit
Salz frisch gemahlenem weißen Pfeffer Paprika edelsüß	bestreuen
150 g Champignons (aus der Dose)	zum Abtropfen auf ein Sieb geben, von der Flüssigkeit 125 ml (1/8 l) abmessen, die Champignons in Scheiben schneiden, zu dem Fleisch geben
1 Becher (150 g) Crème fraîche (30% Fett) 125 ml (1/8 l) Weißwein 125 ml (1/8 l) Champignon-flüssigkeit	hinzufügen, gut verrühren, etwas einkochen lassen, so daß eine dickliche Soße entsteht, mit Salz, Pfeffer
Zucker	abschmecken.
Beilage:	Rösti.

Feines Hühner-Frikassee

1 küchenfertiges Suppenhuhn (etwa 1,2 kg)	waschen, in
2 l kochendes Salzwasser	geben, zum Kochen bringen, abschäumen
1 Bund Suppengrün	putzen, waschen
1 mittelgroße Zwiebel	abziehen, mit
1 Lorbeerblatt 1 Gewürznelke 3 Pfefferkörner	spicken
	die Zutaten hinzufügen, das Huhn in 2 – 2 1/2 Stunden gar kochen lassen (Huhn muß während des Kochens mit Flüssigkeit bedeckt sein, verkochte Flüssigkeit durch heißes Wasser ersetzen)
	das gare Huhn aus der Brühe nehmen, sie durch ein Sieb gießen, 1 l davon abmessen
	das Fleisch von den Knochen lösen, die Haut entfernen, das Fleisch evtl. etwas kleinschneiden, in der restlichen Brühe warm halten

	für die Soße
60 g Margarine	zerlassen
70 g Weizenmehl	unter Rühren so lange darin erhitzen, bis es hellgelb ist
1 l Hühnerbrühe	hinzugießen, mit einem Schneebesen durchschlagen, darauf achten, daß keine Klumpen entstehen, zum Kochen bringen, etwa 10 Minuten kochen lassen
175 g Spargelstücke (aus der Dose)	
150 g Champignons (aus der Dose)	
	beide Zutaten gut abtropfen lassen, mit dem abgetropften Fleisch in die Soße geben, kurz aufkochen lassen
2 Eigelb	mit
4 Eßl. kalter Milch	verschlagen, das Frikassee damit abziehen, (nicht mehr kochen lassen), mit
Salz	
frisch gemahlenem weißen Pfeffer	
geriebener Muskatnuß	
Zitronensaft	abschmecken.
Beilage:	Reis (Reisring).

Hühnerbrust in feiner Pfeffer-Soße

4 Hühnerbrust-Filets	unter fließendem kalten Wasser abspülen, trockentupfen, mit
Salz	
frisch gemahlenem weißen Pfeffer	
Paprika edelsüß	bestreuen
4 Scheiben Schinkenspeck (etwa 50 g)	in Streifen schneiden
2 Eßl. Margarine	in einer Pfanne erhitzen, die Hühnerbrust-Filets von beiden Seiten etwa 10 Minuten darin anbraten, die Schinkenspeckstreifen hinzufügen, kurze Zeit mitbraten.
	für die Pfeffer-Soße
1 Becher (150 g) Crème fraîche	mit
1 Teel. zerdrückten und 1 Teel. ganzen grünen Pfefferkörnern	in das Bratfett geben, verrühren, zum Kochen bringen, die Soße etwas einkochen lassen, die Pfeffer-Soße mit
Weinbrand	
Pilz-Sojasoße	abschmecken
	die Hühnerbrust-Filets in der Pfeffer-Soße erhitzen, sofort servieren.
Beilage:	Bandnudeln.

Geflügel-Schaschlik

(Foto Seite 97)

500 g Hähnchen-brustfilets	unter fließendem kalten Wasser abspülen, trockentupfen
100 g durchwach-senen Speck	
	beide Zutaten in etwa 2 cm große Würfel schneiden
2 – 3 Scheiben Ananas (aus der Dose)	abtropfen lassen, in nicht zu kleine Stücke schneiden, das Fleisch mit
Salz frisch gemahlenem weißen Pfeffer	würzen, abwechselnd mit den Speckwürfeln, den Ananasstücken auf Spieße stecken
3 Eßl. Butter	in einer Bratpfanne zerlassen, die Fleischspieße von allen Seiten etwa 8 Minuten darin goldbraun braten, auf einer vorgewärmten Platte anrichten.
Beigabe:	Butter-Reis, Grüner Salat.

Poulardengulasch

300 g Zwiebeln	abziehen, in Scheiben schneiden
50 g Margarine	erhitzen, die Zwiebeln darin dünsten
2 Eßl. Paprika edelsüß	darüber streuen, mitdünsten lassen
4 Poulardenbrust-filets (etwa 500 g)	waschen, enthäuten, in etwa 3 cm große Würfel schneiden
300 g rote Paprikaschoten	halbieren, entstielen, entkernen, die weißen Scheidewände entfernen, die Schoten waschen, in etwa 2 cm große Würfel schneiden
400 g Tomaten (aus der Dose)	abtropfen lassen, die Flüssigkeit auffangen, die Tomaten in Stücke schneiden, das Fleisch, Gemüse und die Tomatenflüssigkeit zu den gedünsteten Zwiebeln geben, mit
1 Eßl. Instant-Fleischbrühe Salz gemahlenem Kümmel	würzen
2 Lorbeerblätter	dazugeben, das Gulasch 20 Minuten zugedeckt schmoren lassen, die Lorbeerblätter entfernen
1 Bund Petersilie	waschen, abtrocknen, fein hacken
2 Gewürzgurken	in kleine Würfel schneiden
	beide Zutaten zu dem Gulasch geben, miterhitzen.
Beilage:	Nudeln.

Geflügel-Schaschlik, Rezept S. 96

Deftiger Gemüse-Eintopf, Rezept S. 108

Wirsing mit Champignons, Rezept S. 109

Hähnchen-Paella, Rezept S. 101

Hähnchen-Paella

(Foto Seite 100)

4 kleine Hähnchen-Keulen	enthäuten, halbieren
2 Zwiebeln	
2 Knoblauchzehen	beide Zutaten abziehen, würfeln
4 enthäutete Tomaten	in Stücke schneiden (Stengelansätze herausschneiden)
2 Paprikaschoten	halbieren, entstielen, entkernen, die weißen Scheidewände entfernen, die Schoten waschen, in Stücke schneiden
1 kleinen Blumenkohl	putzen, in Röschen teilen, waschen
4 Eßl. Speiseöl	in einer großen Pfanne erhitzen, die Fleischstücke darin braun braten, Zwiebel-, Knoblauchwürfel hinzufügen, kurz mitbraten lassen, Tomaten-, Paprikastücke, Blumenkohlröschen zufügen, mit
Salz	
Pfeffer	würzen
200 g italienischen Rundkornreis	einstreuen, unter Rühren anbraten
1 Briefchen Safranpulver	unterrühren
etwa 500 ml (½ l) Instant-Hühnerbrühe	hinzugießen, zum Kochen bringen, bei schwacher Hitze in etwa 30 Minuten gar schmoren lassen.

Mandel-Hähnchen

4 kleine Hähnchen-keulen	enthäuten, die Keulen halbieren
2 Knoblauchzehen	abziehen, durchpressen, das Fleisch damit einreiben
150 g abgezogene feingemahlene Mandeln	mit
½ Teel. Salz	
1 Teel. Paprika edelsüß	
Cayennepfeffer	mischen
3 Eßl. Butter	zerlassen, das Hähnchenfleisch damit bestreichen, in der Mandelmischung wenden das Fleisch auf dem Rost in den vorgeheizten Backofen schieben, die Fettfangschale darunter setzen
Strom:	Etwa 220
Gas:	3
Backzeit:	Etwa 40 Minuten.
Beilage:	Erbsen-Reis.

Katalonisches Schmorhähnchen

1 küchenfertiges Hähnchen (etwa 1 kg)	waschen, abtrocknen, in 8 Portionsstücke schneiden, mit
Salz frisch gemahlenen weißen Pfeffer Paprika edelsüß gerebeltem Rosmarin	einreiben
1 – 2 Eßl. Butterschmalz oder Speiseöl	erhitzen, die Fleischstücke von allen Seiten darin anbraten
100 ml ($\frac{1}{10}$ l) Sherry (fino)	hinzugeben, das Fleisch im geschlossenen Topf 30 – 35 Minuten schmoren lassen nach und nach etwas von
125 ml ($\frac{1}{8}$ l) Instant-Fleischbrühe	hinzugießen das gare Fleisch aus dem Topf nehmen, auf einer vorgewärmten Platte anrichten, warm stellen
	für die Soße
1 Becher (150 g) saure Sahne	unter die Schmorflüssigkeit rühren
8 spanische Oliven, mit Paprika gefüllt	in Scheiben schneiden, hinzufügen, die Soße aufkochen lassen, mit
Salz frisch gemahlenem schwarzen Pfeffer Sherry (fino) Safranpulver	abschmecken, über das Hähnchenfleisch geben.
Beilage:	Reis.

Geflügelkeulen mit Möhren

750 g Möhren	putzen, schrappen, waschen, in etwa $\frac{1}{2}$ cm breite Stifte schneiden
4 kleine Hühnerkeulen	unter fließendem Wasser abspülen, trockentupfen, mit
Salz frisch gemahlenem weißen Pfeffer Paprika edelsüß	einreiben
3 Eßl. Margarine	zerlassen, das Fleisch von allen Seiten gut darin anbraten
3 mittelgroße Zwiebeln	abziehen, in Scheiben schneiden, in Ringe teilen, dazugeben, miterhitzen, die Möhrenstifte hinzufügen, mit Salz, Pfeffer würzen

125 ml (⅛ l)	
heißes Wasser	hinzugießen, das Gericht im geschlossenen Topf etwa 30 Minuten schmoren lassen, ab und zu umrühren die garen Hühnerkeulen auf eine vorgewärmte Platte legen, warm stellen
125 ml (⅛ l)	
heißes Wasser	zu dem Gemüse gießen, aufkochen lassen
1 gehäuften Teel.	
Speisestärke	mit
1 Eßl. kaltem	
Wasser	anrühren, das Gemüse damit binden, mit Salz, Pfeffer abschmecken, über die Hühnerkeulen geben, mit
1 Eßl. gehackter	
Petersilie	bestreuen.
Beilage:	Salzkartoffeln oder Reis.

Chinesische Leberpfanne

500 g Hühnerleber	putzen, die Lebern unter fließendem kalten Wasser abspülen, mit Haushaltspapier trockentupfen, eventuell zerkleinern
2 Eßl. Sojasoße	
1 Eßl. Sherry	
(amontillado)	mit
frisch gemahlenem	
weißen Pfeffer	verrühren, über die Leber geben, etwas verrühren, einige Minuten durchziehen lassen
3 mittelgroße	
Zwiebeln	abziehen, quer halbieren, in Scheiben schneiden
150 g Champignons	putzen, waschen, in Scheiben schneiden
1 rote	
Paprikaschote	halbieren, entstielen, entkernen, die weißen Scheidewände entfernen, die Schote waschen, in Streifen schneiden
1 mittelgroße	
Stange Porree	putzen, längs halbieren, gründlich waschen, in feine Ringe schneiden
300 g Sojabohnen-	
keimlinge	unter fließendem kalten Wasser abspülen, gut abtropfen lassen
4 Eßl. Speiseöl	erhitzen, Zwiebelscheiben, Paprikastreifen, Porreeringe, Pilze, Sojabohnenkeimlinge etwa 1 Minute unter Rühren darin dünsten lassen die Hühnerlebern hinzufügen, unter Rühren 3 – 5 Minuten darin braten lassen
5 Eßl. Sojasoße	unterrühren, die Leberpfanne mit Pfeffer,
Salz	
Sherry	
(amontillado)	abschmecken.
Beilage:	Curry-Reis.

Putenschnitzel mit Pfirsichen

4 Putenschnitzel (je 125 g)	evtl. unter fließendem kalten Wasser abspülen, trockentupfen, in
40 g Weizenmehl	wenden
1 Ei	mit
Salz	
frisch gemahlenem weißen Pfeffer	
Paprika edelsüß	verschlagen, die Schnitzel zunächst in dem verschlagenen Ei, dann in
50 g Semmelmehl	wenden (gut festklopfen)
40 g Margarine	erhitzen, die Schnitzel von beiden Seiten etwa 10 Minuten darin braten, auf einer vorgewärmten Platte anrichten, warm stellen
3 Pfirsiche (je 150 g)	kurze Zeit in kochendes Wasser geben (nicht kochen lassen), in kaltem Wasser abschrecken, halbieren, enthäuten, entsteinen, in Scheiben schneiden
20 g Butter	zerlassen, die Pfirsichscheiben darin gar schmoren lassen, auf den Putenschnitzeln anrichten.
Beilage:	Curry-Reis.

Poularde im Zwiebelbett

1 küchenfertige Poularde (etwa 1 ¼ kg)	waschen, mit Haushaltspapier trockentupfen, in acht Portionsstücke teilen
2 – 3 Eßl. Speiseöl	erhitzen, die Poulardenstücke darin von allen Seiten gut anbraten, herausnehmen, mit
Salz	
frisch gemahlenem weißen Pfeffer	bestreuen, warm stellen
500 g Perlzwiebeln	abziehen
250 g Möhren	putzen, schrappen, waschen, in Scheiben schneiden
250 g Butter oder Margarine	in dem Bratfett zerlassen, Zwiebeln und Möhrenscheiben darin anbraten, mit Salz, Pfeffer
1 Eßl. Thymianblättchen	bestreuen die Poulardenstücke mit
2 Lorbeerblättern	zu dem Gemüse geben, zugedeckt etwa 20 Minuten schmoren lassen
etwa 100 g Crème fraîche	unterrühren, erhitzen.
Beilage:	Butterkartoffeln.

Gemüse

Ratatouille

(Französischer Gemüse-Eintopf)

1 grüne und 1 gelbe Paprikaschote (je etwa 150 g)	halbieren, entstielen, entkernen, die weißen Scheidewände entfernen, die Schoten waschen, in 1½ – 2 cm breite Streifen schneiden
300 g Zucchini	
250 g Auberginen	
	von dem Gemüse die Stengelansätze abschneiden, das Gemüse waschen, evtl. längs halbieren, in etwa ½ cm breite Scheiben schneiden
3 – 4 Fleischtomaten	kurze Zeit in kochendes Wasser legen (nicht kochen lassen), in kaltem Wasser abschrecken, enthäuten, die Stengelansätze herausschneiden, die Tomaten halbieren, in Scheiben schneiden
1 Zwiebel	
1 – 2 Knoblauchzehen	
	beide Zutaten abziehen, würfeln
3 Eßl. Olivenöl	erhitzen
	die Zwiebel- und Knoblauchwürfel darin andünsten, das Gemüse hinzufügen, durchdünsten lassen, mit
Salz	
frisch gemahlenem schwarzen Pfeffer	
gerebeltem Basilikum	
gerebeltem Thymian	
gerebeltem Majoran	würzen
200 ml (⅕ l) Wasser	hinzufügen, etwa 20 Minuten dünsten lassen
3 Eßl. Tomatenmark	unterrühren, kurz durchdünsten lassen, mit
2 Eßl. gehackter Petersilie	bestreuen.
Beigabe:	Bauernbrot oder Reis.

Kohlrabi-Gemüse mit Kräuter-Quark

1 kg Kohlrabi	putzen, schälen, waschen, in Würfel schneiden, in
250 ml (¼ l) kochendes Salzwasser	geben, zum Kochen bringen, etwa 15 Minuten kochen, abtropfen lassen
200 g Speisequark (20% Fett)	mit
2 Eigelb	gut verrühren, die Kohlrabiwürfel,
3 – 4 Eßl. gemischte, gehackte Kräuter (Petersilie, Dill Schnittlauch)	unterrühren, das Gemüse kurz erhitzen, sofort servieren. Spiegeleier und Pellkartoffeln dazu reichen.

Dicke Bohnen-Ragout

600 g ausgepalte Dicke Bohnen	waschen, in
500 ml (½ l) kochendes Salzwasser	geben, zum Kochen bringen, 10 – 12 Minuten kochen lassen, abgießen, die Kochflüssigkeit auffangen
1 Brötchen	in kaltem Wasser einweichen, gut ausdrücken
1 mittelgroße Zwiebel	abziehen, fein würfeln
250 g Thüringer Mett 250 g Gehacktes (halb Rind-, halb Schweinefleisch)	mit dem Brötchen, den Zwiebelwürfeln,
1 Ei	gut vermengen, mit
Salz frisch gemahlenem weißen Pfeffer Paprika edelsüß	würzen
	aus der Hackfleischmasse kleine Klößchen formen das Bohnenwasser zum Kochen bringen, die Fleischklößchen hineingeben, zum Kochen bringen, in 5 – 7 Minuten gar ziehen lassen die Fleischklößchen herausnehmen, die Brühe mit Wasser auf 500 ml (½ l) auffüllen
	für die Soße
50 g durchwachsenen Speck	in feine Würfel schneiden
1 Eßl. Speiseöl	erhitzen, die Speckwürfel darin ausbraten
1 mittelgroße Zwiebel	abziehen, würfeln, in dem Speckfett andünsten
300 g Tomaten	waschen, grob zerkleinern, hinzufügen, mitdünsten lassen
40 g Weizenmehl	darüber streuen, gut verrühren, durchdünsten lassen die aufgefüllte Brühe hinzufügen, gut verrühren, zum Kochen bringen, etwa 5 Minuten kochen lassen, durch ein Sieb streichen, mit
Salz frisch gemahlenem weißen Pfeffer Paprika edelsüß	würzen
2 Eßl. Tomatenmark 2 Ecken Sahne-Schmelzkäse	hinzufügen, die Soße erhitzen, gut verrühren, bis der Käse geschmolzen ist Dicke Bohnen und Fleischklößchen in die Soße geben, erhitzen
200 g Tomaten	waschen (evtl. enthäuten), halbieren, entkernen, die Stengelansätze herausschneiden, das Tomatenfleisch in Würfel schneiden, in das Ragout geben, miterhitzen.

Deftiger Gemüse-Eintopf

(Foto Seite 98)

400 g Schweinefleisch (Schulter)	unter fließendem kalten Wasser abspülen, trockentupfen, in Würfel schneiden
750 g Kartoffeln	schälen, waschen, in Scheiben schneiden
je 1 rote und grüne Paprikaschote	halbieren, entstielen, entkernen, die weißen Scheidewände entfernen, die Schoten waschen, grob zerkleinern
500 g Zucchini	waschen, die Enden abschneiden
500 g enthäutete Tomaten	
	beide Zutaten in Scheiben schneiden (Stengelansätze der Tomaten herausschneiden)
3 Zwiebeln	
4 Knoblauchzehen	
	beide Zutaten abziehen, würfeln
4 Eßl. Speiseöl	in einem Schmortopf erhitzen, das Fleisch mit
2 Lorbeerblättern	
1 Eßl. gehackten Rosmarinnadeln	hinzufügen, mit
Salz, Pfeffer	bestreuen
	die übrigen Zutaten auf das Fleisch schichten, jede Schicht mit Salz, Pfeffer bestreuen
125 ml (⅛ l) Instant-Fleischbrühe	
125 ml (⅛ l) trockenen Weißwein	hinzugießen, den Schmortopf zugedeckt auf dem Rost in den vorgeheizten Backofen schieben
Strom:	Etwa 175
Gas:	Etwa 2
Garzeit:	Etwa 2 Stunden.

Lauch-Gemüse mit Schwartemagen

750 g Lauch (Porree)	putzen, in Scheiben schneiden, gründlich waschen
2 große Zwiebeln	abziehen, würfeln
1 Eßl. Schweineschmalz	zerlassen, die Zwiebelwürfel darin andünsten, den Lauch tropfnaß dazugeben, evtl. noch etwas Wasser hinzufügen, den Lauch mit
Salz	
frisch gemahlenem schwarzen Pfeffer	würzen
4 Scheiben Schwartemagen	in das Gemüse geben, etwa 15 Minuten mitschmoren lassen.
Beilage:	Pellkartoffeln.

Wirsing mit Champignons

(Foto Seite 99)

	Von
etwa 1 kg Wirsing	die äußeren Blätter entfernen, den Strunk herausschneiden, den Wirsing achteln, in etwa 2 cm breite Streifen schneiden, waschen, gut abtropfen lassen
200 g durchwachsenen Speck	in Würfel schneiden
2 Eßl. Margarine	zerlassen, die Speckwürfel darin etwas ausbraten lassen, die Wirsingstreifen hinzufügen, unter Rühren leicht bräunen lassen
3 mittelgroße Zwiebeln	abziehen, würfeln, zu dem Gemüse geben, mitbräunen lassen
500 g Champignons	putzen, waschen, in Scheiben schneiden, zu dem Wirsing geben, kurz durchschmoren lassen, mit
Salz	
Pfeffer	
italienischen Kräutern	würzen
200 ml (⅕ l) heißes Wasser	hinzugießen, das Gemüse im geschlossenen Topf etwa 15 Minuten schmoren lassen, evtl. nochmals mit Salz, Pfeffer abschmecken.
Beilage:	Pellkartoffeln.

Gurken-Gemüse mit Hack

2 Salatgurken	schälen, längs halbieren, entkernen, in kleine Stücke schneiden
2 enthäutete Fleischtomaten	in Achtel schneiden (Stengelansätze herausschneiden)
1 – 2 Eßl. Margarine	zerlassen, die Gurkenstücke darin andünsten, die Tomatenachtel hinzufügen, einige Minuten mitdünsten lassen, mit
Salz	
Pfeffer	würzen
1 – 2 Eßl. Speiseöl	erhitzen
400 g Gehacktes (halb Rind-, halb Schweinefleisch)	unter Rühren darin anbraten, dabei die Fleischklümpchen zerdrücken, das Hackfleisch gar braten lassen
1 Packung (200 g) Knoblauch- oder Grünen Pfeffer-Quark	unterrühren, mit Salz, Pfeffer
feingehacktem Dill	würzen, mit dem Gemüse anrichten, mit
feingehackter Petersilie	bestreut servieren.
Beilage:	Reis.

Schwäbisches Linsen-Gemüse

375 g Linsen	waschen
1 Bund Suppengrün	putzen, waschen, in kleine Würfel schneiden
1 Zwiebel	abziehen
1 Lorbeerblatt	
Salz	
	die fünf Zutaten mit
1 l Wasser	in den Schnellkochtopf geben das Gemüse etwa 7 Minuten auf Stufe 2 kochen die Linsen abtropfen lassen (die Zwiebel herausnehmen), die Kochflüssigkeit mit Wasser auf 375 ml (⅜ l) auffüllen
30 g Margarine	zerlassen
25 g Weizenmehl	unter Rühren so lange darin erhitzen, bis es hell- bis dunkelbraun ist die abgemessene Kochbrühe hinzugießen, mit einem Schneebesen durchschlagen, darauf achten, daß keine Klumpen entstehen, zum Kochen bringen, etwa 5 Minuten kochen lassen, die Linsen hinzufügen, miterhitzen, mit Salz,
frisch gemahlenem schwarzen Pfeffer	
Zucker	
Essig	abschmecken. Würstchen und Spätzle dazureichen.

Steckrüben mit Schweinebauch

1 kg Steckrüben	schälen, halbieren, waschen, in schmale Stifte schneiden
4 Scheiben Schweinebauch	unter fließendem kalten Wasser abspülen, trockentupfen, die Schwarte abschneiden das Fleisch in Streifen schneiden
1 Eßl. Margarine	erhitzen, das Fleisch darin gut anbraten, die Steckrüben hinzufügen, gut durchschmoren lassen
2 mittelgroße Zwiebeln	abziehen, würfeln
1 Knoblauchzehe	abziehen, zerdrücken beide Zutaten zu dem Gemüse geben, durchschmoren lassen, mit
Salz	
frisch gemahlenem schwarzen Pfeffer	
gerebeltem Majoran	würzen
125 ml (⅛ l) Instant-Fleischbrühe	hinzugießen das Gemüse im geschlossenen Topf etwa 15 Minuten schmoren lassen, mit Salz, Pfeffer abschmecken.

Stielmus

375 g Schweinefleisch (Schulter)	unter fließendem kalten Wasser abspülen, trockentupfen, in kleine Würfel schneiden
40 g Margarine	zerlassen, das Fleisch schwach darin bräunen, mit
Salz frisch gemahlenem weißen Pfeffer	würzen
1 kg Streifrüben	putzen, die welken Blätter entfernen, waschen, kleinschneiden
750 g Kartoffeln	schälen, waschen, in Würfel schneiden
	Streifrüben und Kartoffeln mit
250 ml (¼ l) Wasser	zu dem Fleisch geben, zum Kochen bringen, in etwa 1¾ Stunden gar schmoren.

Zucchini-Gemüse mit Mettklößchen

	Von
3 Scheiben Weißbrot	die Rinde abschneiden, das Brot in
125 ml (⅛ l) lauwarmem Wasser	einweichen
1 mittelgroße Zwiebel	abziehen, fein würfeln
500 g Gehacktes (halb Rind-, halb Schweinefleisch)	mit den gut ausgedrückten Weißbrotscheiben, den Zwiebelwürfeln,
1 Ei 1 Teel. Senf	gut vermengen, mit
Salz frisch gemahlenem schwarzen Pfeffer	würzen
	aus der Hackfleischmasse Klößchen formen
1 Eßl. Margarine	in einer großen Pfanne erhitzen, die Fleischklößchen darin goldbraun braten, warm stellen
	von
750 g kleinen Zucchini	die Enden abschneiden, die Zucchini waschen, abtrocknen in dünne Scheiben schneiden
5 – 6 Zwiebeln (etwa 250 g)	abziehen, fein würfeln
1 – 2 Eßl. Margarine	zerlassen, die Zwiebelwürfel darin glasig dünsten lassen, die Zucchinischeiben hinzufügen, mit Salz, Pfeffer würzen
5 Salbeiblättchen	vorsichtig abspülen, trockentupfen, grob zerkleinern, mit
6 Eßl. Weißwein	in das Gemüse geben, zugedeckt in etwa 7 Minuten gar dünsten lassen
	die Fleischklößchen auf dem Gemüse anrichten.

Spinat mit Eier-Sahne-Soße

1 kg Spinat	verlesen, gründlich waschen, in
kochendes Salzwasser	geben, zum Kochen bringen, auf ein Sieb geben, abtropfen lassen
1 Zwiebel	abziehen, in dünne Ringe schneiden
30 g Margarine	zerlassen, die Zwiebelringe darin andünsten, den Spinat hinzufügen, etwa 5 Minuten dünsten lassen, mit
gerebeltem Rosmarin	
geriebener Muskatnuß	würzen
	für die Eier-Sahne-Soße
1 kleine Zwiebel	abziehen, fein würfeln, mit
7 Eßl. Weißwein	
1 Teel. gerebeltem Estragon	
½ Lorbeerblatt	in einen kleinen Topf geben, auf etwa ⅔ der Menge einkochen lassen, durch ein Sieb gießen
3 Eigelb	mit
Salz	
Zucker	
Cayennepfeffer	unter ständigem Schlagen im Wasserbad so lange erhitzen, bis die Masse dick-cremig ist
125 ml (⅛ l) Schlagsahne	steif schlagen, die Eigelb-Masse unter die Schlagsahne rühren, mit Salz, Cayennepfeffer abschmecken, zu dem Spinat reichen. Mit Spiegelei und Salzkartoffeln servieren.

Gefüllte Paprikaschoten

4 Paprikaschoten	längs halbieren, dabei den Stiel mit durchschneiden, die weißen Scheidewände entfernen (den Stiel stehenlassen), die Schoten waschen, abtrocknen, innen mit
Salz	
Pfeffer	bestreuen
	für die Füllung
400 g Hühnerbrust	waschen, abtrocknen, pürieren
50 g durchwachsenen Speck	sehr fein würfeln
2 Tomaten	waschen, halbieren, entkernen (das Tomateninnere beiseite stellen), in Streifen schneiden
	Speck, Tomaten,
3 Eßl. gehackte Petersilie	
1 Ei	mit dem Hühnerfleisch vermengen, mit Salz, Pfeffer,

Cayennepfeffer	
Worcestersoße	würzen, die Masse in die Paprikahälften füllen
2 Eßl. Semmelmehl	darüber verteilen
Butter	in Flöckchen darauf setzen
	eine feuerfeste Form mit
Margarine	ausfetten, die Paprikaschoten hineinsetzen
3 – 4 Tomaten	kurze Zeit in kochendes Wasser legen (nicht kochen lassen), in kaltem Wasser abschrecken, enthäuten, die Stengelansätze herausschneiden, die Tomaten vierteln, mit dem zurückgelassenen Tomateninneren um die Paprikaschote geben
125 ml (⅛ l)	
Schlagsahne	mit
Salz	
Pfeffer	
Paprika edelsüß	
Zitronensaft	würzen, zu den Paprikaschoten gießen, die Form ohne Deckel auf dem Rost in den Backofen stellen
Strom:	200 – 225
Gas:	3 – 4
Backzeit:	25 – 30 Minuten.
Beilage:	Reis.

Chinakohl mit Tomaten

	Von
2 Stauden Chinakohl	
(etwa 750 g)	die welken Blätter entfernen, den Kopf halbieren, den Strunk herausschneiden, den Kohl waschen, in schmale Streifen schneiden
2 – 3 Zwiebeln	abziehen, fein würfeln
250 g Tomaten	kurze Zeit in kochendes Wasser legen (nicht kochen lassen), in kaltem Wasser abschrecken, enthäuten, die Stengelansätze herausschneiden, die Tomaten in Scheiben schneiden
250 g Kartoffeln	schälen, waschen, in Würfel schneiden
40 g Margarine	zerlassen, die Zwiebelwürfel darin goldgelb dünsten
375 g Gehacktes	
(halb Rind-,	
halb Schweinefleisch)	hinzufügen, kurze Zeit miterhitzen, mit
Salz	
Pfeffer	würzen
	Chinakohlstreifen, Tomatenscheiben, Kartoffelwürfel,
250 ml (¼ l)	
Wasser	dazugeben, in etwa 40 Minuten gar schmoren lassen
	den Eintopf mit Salz, Pfeffer,
etwa 2 Eßl.	
Tomaten-Ketchup	abschmecken.

Rosenkohl mit Quark-Haube

1 kg Rosenkohl	putzen, die Röschen am Strunk kreuzförmig einschneiden, den Rosenkohl waschen, in
kochendes Salzwasser	geben, zum Kochen bringen, in 15 – 20 Minuten gar dünsten lassen, abgießen, in eine gefettete feuerfeste Form geben, mit
Pfeffer	bestreuen
400 g Fleischwurst	enthäuten, in Würfel schneiden, darüber geben
1 Packung (200 g) Frühlings-Quark	mit
2 Eiern	gut verrühren, darüber verteilen
1 Eßl. Semmelmehl	mit
2 Eßl. geriebenem Parmesan-Käse	mischen, darüber streuen die Form auf dem Rost in den vorgeheizten Backofen schieben
Strom:	Etwa 200
Gas:	Etwa 4
Backzeit:	Etwa 20 Minuten.

Römische Zucchini

50 g durchwachsenen Speck	in Würfel schneiden
1 Eßl. Speiseöl	in einer feuerfesten Form erhitzen, die Speckwürfel darin ausbraten
1 mittelgroße Zwiebel	
1 Knoblauchzehe	
	beide Zutaten abziehen, würfeln, in dem Speckfett andünsten
500 g Tomaten	kurze Zeit in kochendes Wasser legen (nicht kochen lassen), in kaltem Wasser abschrecken, enthäuten, halbieren, die Stengelansätze entfernen, die Tomatenhälften grob zerkleinern, mit
1 Eßl. gehackten Oreganoblättchen	zu den Zwiebel- und Knoblauchwürfeln geben, mit
Salz	
Pfeffer	würzen, dünsten lassen, bis eine dickliche Soße entstanden ist von
500 g Zucchini	die Enden abschneiden, die Zucchini waschen, die Früchte längs halbieren, mit Salz bestreuen
2 Eßl. Semmelmehl	mit
2 Eßl. gehackter Petersilie	

1 Eßl. feingeschnittenem Schnittlauch	
1 Eßl. feingehacktem Dill	
40 g geriebenem Parmesan-Käse	
6 Eßl. Schlagsahne	zu einer streichfähigen Masse verrühren, auf die Zucchinihälften streichen, die Zucchinihälften nebeneinander in die Tomaten-Soße setzen die Form auf dem Rost in den vorgeheizten Backofen schieben
Strom:	225 – 250
Gas:	5 – 6
Backzeit:	20 – 25 Minuten.
Beilage:	Reis.

Kohlrouladen

	Von
1 Kopf Weißkohl oder Wirsing (etwa 2 kg)	die äußeren Blätter entfernen, den Strunk herausschneiden, den Kohlkopf kurze Zeit in
kochendes Salzwasser	legen, bis sich die äußeren Blätter lösen, diesen Vorgang wiederholen, bis alle Blätter gelöst sind, abtropfen lassen, die dicken Rippen flachschneiden
	für die Füllung
1 Brötchen	in kaltem Wasser einweichen, gut ausdrücken
1 Zwiebel	abziehen, würfeln, mit dem Brötchen,
1 Ei	
400 g Gehacktem (halb Rind-, halb Schweinefleisch)	vermengen, mit
Salz, Pfeffer	würzen jeweils 2 – 3 große Kohlblätter übereinanderlegen, die Füllung darauf verteilen, die Blätter aufrollen, die Rouladen mit Küchengarn umwickeln oder mit Rouladennadeln zusammenhalten
75 g Margarine	erhitzen, die Rouladen von allen Seiten darin anbraten
etwas heißes Wasser	hinzugießen, die Rouladen 35 – 45 Minuten schmoren lassen, von Zeit zu Zeit wenden verdampfte Flüssigkeit nach und nach ersetzen von den garen Rouladen das Küchengarn oder die Rouladennadeln entfernen die Rouladen auf einer vorgewärmten Platte anrichten
1 – 2 Eßl. Weizenmehl	mit
3 Eßl. kaltem Wasser	anrühren, die Schmorflüssigkeit damit binden, mit Salz, Pfeffer abschmecken.
Beilage:	Salzkartoffeln.

Knoblauch-Tomaten

(Foto Seite 117)

100 g Schinkenspeck	in eine flache feuerfeste Form legen
5 Fleischtomaten	waschen, die Stengelansätze herausschneiden, die Tomaten nebeneinander in die Form setzen
6 Knoblauchzehen	abziehen, würfeln
1 Bund Basilikum	
1 Bund Petersilie	
4 Salbeiblättchen	
	die Kräuter abspülen, trockentupfen, hacken, mit dem Knoblauch auf den Tomaten verteilen
200 g Schafskäse	darüberbröseln, die Form auf dem Rost in den Backofen schieben
Strom:	Etwa 175
Gas:	2 – 3
Backzeit:	Etwa 35 Minuten.
Beigabe:	Stangenweißbrot.

Gefüllte Mangoldröllchen

	Für die Füllung
200 g Champignons	putzen, waschen, in kleine Stücke schneiden
1 Zwiebel	
1 Knoblauchzehe	
	beide Zutaten abziehen, würfeln
1 Eßl. Margarine	zerlassen, Zwiebel- und Knoblauchwürfel darin andünsten, die Champignonstücke hinzufügen, mit
Salz	
Pfeffer	würzen, etwa 5 Minuten dünsten lassen
150 g gekochten Schinken	in Würfel schneiden, zu den Pilzen geben, miterhitzen
125 g Gouda Käse	in Würfel schneiden, mit
3 Eßl. gehackten Kräutern	
2 Eiern	
2 Eßl. Semmelmehl	unterrühren, nochmals mit Salz, Pfeffer abschmecken von
6 großen Mangoldblättern (etwa 2 Stauden)	die Stiele entfernen, die Mangoldblätter waschen, in
kochendes Salzwasser	legen, zum Kochen bringen, 2 – 3 Minuten kochen lassen die Mangoldblätter nebeneinander legen, auf jedes Blatt etwa 1 Eßl. von der Füllung geben, die Blattränder über die Füllung schlagen, zusammenrollen
750 ml (¾ l) Wasser	in einen Topf mit Einsatz gießen, zum Kochen bringen die Mangold-Röllchen nebeneinander in den Einsatz legen, im geschlossenen Topf gar dämpfen lassen.
Beilage:	Reis.

Knoblauch-Tomaten, Rezept S. 116

Kümmel-Kartoffeln mit Quark, Rezept S. 128

Kartoffel-Knoblauch-Pfanne, Rezept S. 129

Kohl-Quiche, Rezept S. 121

Kohl-Quiche

(Foto Seite 120)

Von
1 kleinen Kopf Weißkohl die äußeren Blätter entfernen, den Kohl vierteln, Strunk herausschneiden, Kohl waschen, fein hobeln, in
kochendes Salzwasser geben, zum Kochen bringen, etwa 5 Minuten kochen, abtropfen lassen
500 g Spinat verlesen, gründlich waschen, tropfnaß in einen Topf geben, erhitzen, bis die Blätter zusammenfallen, abtropfen lassen
2 Knoblauchzehen abziehen, durchpressen
1 Bund Petersilie
6 Salbeiblätter
die Kräuter abspülen, trockentupfen, fein hacken
200 g Emmentaler Käse reiben
4 Eier mit
Salz, Pfeffer verschlagen
alle Zutaten miteinander vermengen, in eine flache gefettete Quiche-Form füllen, mit gefettetem Pergamentpapier abdecken
Strom: Etwa 200, **Gas:** Etwa 3
Backzeit: Etwa 30 Minuten
etwa 10 Minuten vor Beendigung der Backzeit das Pergamentpapier entfernen.

Porree-Torte

300 g tiefgekühlten Blätterteig nach Vorschrift auf der Packung auftauen lassen
1 kg Porree putzen, das dunkle Grün bis auf 10 cm entfernen, in 1 – 2 cm dicke Scheiben schneiden, waschen, abtropfen lassen
1 Zwiebel abziehen, fein würfeln
2 Eßl. Speiseöl erhitzen, Zwiebelwürfel darin anbraten, den Porree hinzufügen, 15 – 20 Minuten dünsten, erkalten lassen
Blätterteig auf bemehlter Unterlage ausrollen, eine Springform (etwa 28 cm Durchmesser) damit auskleiden, den Rand gut andrücken, den Boden mehrmals mit einer Gabel einstechen, den Porree darauf geben
200 ml (⅕ l) Kaffeesahne mit
6 Eiern verschlagen, mit
Salz, Pfeffer
Muskat kräftig würzen, über den Porree gießen
die Torte in den vorgeheizten Backofen schieben
Strom: Etwa 250, **Gas:** 5 – 6
Backzeit: 3 – 40 Minuten.

Zwiebelkuchen mit Tomaten

	Für den Teig
350 g Weizenmehl	mit
1 Päckchen Trockenhefe	sorgfältig mischen
200 ml (⅕ l) lauwarmes Wasser	
50 g zerlassene, lauwarme Butter	
1 gestrichenen Teel. Salz	
1 gestrichenen Teel. Zucker	hinzugeben, verrühren, den Teig so lange schlagen, bis er Blasen wirft
	sollte er kleben, noch
etwas Weizenmehl	hinzufügen (aber nicht zu viel, Teig muß weich bleiben) den Teig an einem warmen Ort so lange stehenlassen, bis er etwa doppelt so hoch ist, gut durchkneten, ausrollen, eine gefettete Rostbratpfanne damit auslegen, den Teig am Rand etwas hochdrücken
	für den Belag
1½ – 2 kg Zwiebeln	abziehen, vierteln, in Scheiben schneiden
150 g durchwachsenen Speck	in Würfel schneiden
1 Eßl. Speiseöl	erhitzen, die Speckwürfel darin ausbraten, die Zwiebelscheiben hinzufügen, mit
Salz	
frisch gemahlenem schwarzen Pfeffer	würzen, etwa 10 Minuten dünsten, etwas abkühlen lassen, sollte sich Flüssigkeit gebildet haben, die Zwiebelmasse abtropfen lassen
2 Eier	
1 Becher (150 g) saure Sahne	unterrühren, die Zwiebelmasse mit Salz, Pfeffer abschmecken
500 g Tomaten	waschen, abtrocknen, die Stengelansätze entfernen, die Tomaten in Scheiben schneiden
150 g Emmentaler Käse	reiben
	die Zwiebelmasse auf den Teigboden geben, glattstreichen, die Tomatenscheiben darauf verteilen, mit Pfeffer bestreuen
1 – 2 Eßl. feingeschnittenen Schnittlauch	über die Tomatenscheiben streuen, den Käse darüber verteilen
	die Rostbratpfanne in den vorgeheizten Backofen schieben
Strom:	200 – 225
Gas:	3 – 4
Backzeit:	40 – 45 Minuten
	den Zwiebelkuchen sofort servieren.

Walliser Gratin

2 Knollen Sellerie (etwa 700 g)	schälen, waschen, in dünne Scheiben schneiden, in
kochendes Salzwasser	geben, zum Kochen bringen, etwa 8 Minuten kochen, abtropfen lassen
2 mittelgroße Zwiebeln	abziehen, in Scheiben schneiden von
½ Kopf Wirsing (etwa 300 g)	die schlechten äußeren Blätter entfernen, den Wirsing halbieren, den Strunk herausschneiden, den Wirsing gründlich waschen, abtropfen lassen, in feine Streifen schneiden
4 – 5 Stengel Staudensellerie (etwa 500 g)	putzen, harte Fäden an der Außenseite der Stengel abziehen, die Stengel waschen, abtropfen lassen, in kleine Stücke schneiden Zwiebelringe, Wirsingstreifen, Staudenselleriestücke in
kochendes Salzwasser	geben, zum Kochen bringen, etwa 8 Minuten kochen lassen, auf ein Sieb geben, mit kaltem Wasser übergießen, gut abtropfen lassen
200 g Frühstücksspeck	in dünne Scheiben schneiden alle Zutaten abwechselnd lagenweise in eine gefettete Auflaufform füllen, die unterste und die oberste Schicht sollen aus Knollenselleriescheiben bestehen jede Schicht mit
Salz frisch gemahlenem schwarzen Pfeffer geriebener Muskatnuß gemahlener Muskatblüte (Macis)	bestreuen, mit einem Teil von
200 ml (⅕ l) Schlagsahne	übergießen, mit etwas von
4 Eßl. geriebenem Gruyère-Käse	bestreuen die restliche Sahne auf der obersten Schicht verteilen, mit dem restlichen Käse bestreuen die Auflaufform auf dem Rost in den vorgeheizten Backofen schieben
Strom:	Etwa 225
Gas:	Etwa 4
Garzeit:	Etwa 45 Minuten den Gratin sofort servieren.

Erbsen-Auflauf

Etwa 500 g tiefgekühlte	
Erbsen	in
etwas kochendes	
Salzwasser	geben, zum Kochen bringen, etwa 5 Minuten darin kochen, abtropfen lassen
	von
1 Bund	
Frühlingszwiebeln	das welke Lauch entfernen, das übrige Lauch von den Zwiebeln schneiden, waschen, in Ringe schneiden
	die Zwiebeln evtl. abziehen, in Scheiben schneiden
50 g Margarine	zerlassen, die Zwiebelscheiben darin etwa 3 Minuten dünsten lassen, die Lauchringe hinzufügen, etwa 2 Minuten mitdünsten lassen
	die Hälfte der Zwiebeln mit den Erbsen vermengen, mit
Salz	
Pfeffer	würzen, in eine gefettete feuerfeste Form geben
250 g Magerquark	mit
2 Eiern	
125 ml (⅛ l) Schlagsahne	verrühren, die restlichen Zwiebeln,
1 Teel. zerdrückte grüne	
Pfefferkörner	unterrühren, mit Salz, Pfeffer würzen, die Masse gleichmäßig auf die Erbsen verteilen, glattstreichen
2 geräucherte	
Mettwürste	in Scheiben schneiden, auf der Quark-Masse anordnen
	die Form auf dem Rost in den vorgeheizten Backofen schieben
Strom:	200 – 225, **Gas:** 3 – 4
Backzeit:	Etwa 30 Minuten.
Beilage:	Petersilien-Kartoffeln.

Blumenkohl-Auflauf mit Käsehaube

	Von
1 Blumenkohl	
(etwa 1½ kg)	die Blätter und die schlechten Stellen entfernen, den Strunk abschneiden, den Blumenkohl gründlich waschen, in
kochendes Salzwasser	geben, zum Kochen bringen, 10 – 12 Minuten kochen, abtropfen lassen, die Röschen vom Strunk lösen
200 g gekochten	
Schinken (im Stück)	grob zerkleinern, pürieren, mit
200 ml (⅕ l)	
Schlagsahne	
1 Ei	
1 Teel. eingelegtem	
grünen Pfeffer	gut verrühren

125 g rohen Schinken	
(in dünnen Scheiben)	in feine Würfel schneiden, unterrühren
	die Hälfte der Schinken-Sahne-Masse in eine gefettete feuerfeste Form (Inhalt etwa 1 l) geben, die Hälfte der Blumenkohlröschen hineindrücken, mit der restlichen Schinken-Sahne-Masse bedecken, die restlichen Blumenkohlröschen hineindrücken
50 g Margarine	zerlassen
20 g Weizenmehl	unter Rühren darin erhitzen, bis es hellgelb ist
125 ml (⅛ l) Milch	unter Rühren hinzugießen, darauf achten, daß keine Klumpen entstehen, zum Kochen bringen, etwa 5 Minuten kochen lassen, von der Kochstelle nehmen
3 Eigelb	mit
50 g geriebenem	
Parmesan-Käse	verschlagen, unterrühren
3 Eiweiß	steif schlagen, unter die Käsemasse heben
	die Käsemasse auf dem Blumenkohl verteilen
	die Form auf dem Rost in den vorgeheizten Backofen schieben
Strom:	Etwa 200, **Gas:** Etwa 3
Backzeit:	Etwa 35 Minuten.

Bunter Quark-Gemüsetopf

1 Gemüsezwiebel	abziehen, in Scheiben schneiden
	von
4 Zucchini	die Enden abschneiden, die Zucchini waschen, abtrocknen, in Scheiben schneiden
2 Paprikaschoten	halbieren, entstielen, entkernen, die weißen Scheidewände entfernen, Schoten waschen, in Stücke schneiden
2 große Tomaten	waschen, abtrocknen, die Stengelansätze herausschneiden, die Tomaten in Scheiben schneiden
	die vier Zutaten in einen breiten flachen Kochtopf schichten, dabei jede Schicht mit
Salz	
frisch gemahlenem	
schwarzen Pfeffer	
Kräutern der Provence	bestreuen
6 Eßl. Obstessig	mit
5 Eßl. Speiseöl	darüber geben, Gemüse zugedeckt bei sehr schwacher Hitze in etwa 40 Minuten gar dünsten (nicht umrühren)
1 Packung (200 g)	
Knoblauch-Quark	mit
2 Eiern	gut verrühren, mit Salz, Pfeffer würzen, etwa 5 Minuten vor Beendigung der Garzeit über das Gemüse geben, zugedeckt stocken lassen
2 Eßl. gehackte	
Petersilie	darüber streuen.
Beigabe:	Bauernbrot.

Schwarzwurzeln, überbacken

1 kg Schwarzwurzeln	unter fließendem kalten Wasser bürsten, schrappen waschen damit die Stangen weiß bleiben,
1 l kaltes Wasser 2 gestrichenen Eßl. Weizenmehl 2 Eßl. Essig oder 1 Eßl. Zitronensaft	mit verrühren, die Schwarzwurzeln einige Zeit hineinlegen, abtropfen lassen dicke Stangen längs halbieren
375 ml (3/8 l) Wasser 2 Eßl. Essig oder 1 Eßl. Zitronensaft	mit zum Kochen bringen, die Schwarzwurzelstücke hineingeben, zum Kochen bringen, etwa 10 Minuten kochen lassen, mit einem Schaumlöffel herausnehmen die Schwarzwurzelstücke in
200 g gekochten Schinken (in Scheiben)	wickeln, in eine flache gefettete feuerfeste Form legen von der Gemüseflüssigkeit 375 ml (3/8 l) abmessen
	für die Soße
40 g Margarine	zerlassen
40 g Weizenmehl	unter Rühren so lange darin erhitzen, bis es hellgelb ist
375 ml (3/8 l) Gemüseflüssigkeit 125 ml (1/8 l) Milch oder Schlagsahne	hinzugießen, mit einem Schneebesen durchschlagen, darauf achten, daß keine Klumpen entstehen, die Soße zum Kochen bringen, etwa 5 Minuten kochen lassen, mit
Salz frisch gemahlenem weißen Pfeffer geriebener Muskatnuß	würzen
2 – 3 Eßl. gehackten Dill oder Petersilie Zitronensaft	unterrühren, die Soße über die Schwarzwurzeln gießen
50 g geriebenen Gouda Käse	darüber streuen die Form auf dem Rost in den vorgeheizten Backofen schieben
Strom:	200 – 225
Gas:	4 – 5
Backzeit:	20 – 30 Minuten.
Beilage:	Salzkartoffeln.

Kartoffeln

Kümmel-Kartoffeln mit Quark

(Foto Seite 118)

	Für die Kümmel-Kartoffeln
1 kg Kartoffeln	gründlich waschen, ungeschält halbieren, mit den Schnittflächen in
Kümmel	
grobes Salz	tauchen, auf ein gefettetes Backblech setzen, die Kartoffeln mit
2 Eßl. Speiseöl	bestreichen, in den vorgeheizten Backofen schieben
Strom:	175 – 200
Gas:	2 – 3
Backzeit:	Etwa 40 Minuten
	für den Quark
250 g Speisequark	mit
3 Eßl. Milch	
3 Eßl. gemischten, gehackten Kräutern	verrühren, mit
Salz	
Zitronensaft	abschmecken.

Kartoffelpfanne „Espagña"

1 kg Kartoffeln	schälen, waschen, in Scheiben schneiden
75 g durchwachsenen Speck	in Würfel schneiden, auslassen
1 Zwiebel	
1 Knoblauchzehe	
	die beiden Zutaten abziehen, fein würfeln, in dem Speckfett glasig dünsten lassen, die Kartoffelscheiben hinzugeben, mit
Salz	bestreuen, zunächst zugedeckt, dann in der offenen Pfanne etwa 10 Minuten anbraten
10 grüne Oliven, mit Paprika gefüllt	in Scheiben schneiden
½ rote und ½ grüne Paprikaschote	halbieren, entstielen, entkernen, die weißen Scheidewände entfernen, Schoten waschen, in Würfel schneiden
3 Tomaten	waschen, die Stengelansätze herausschneiden, die Tomaten in Stücke schneiden
	die drei Zutaten zu den Kartoffeln geben, etwa 5 Minuten mitbraten lassen
5 Eier	mit Salz,
frisch gemahlenem weißen Pfeffer	
Paprika edelsüß	verschlagen, über die Kartoffelpfanne geben, stocken lassen.
Beigabe:	Gemischter Salat.

Kartoffel-Knoblauch-Pfanne

(Foto Seite 119)

500 g sehr kleine, neue Kartoffeln	waschen, die Schale mit einer Bürste abschaben
1 Bund Frühlingszwiebeln	putzen, das dunkle Grün abschneiden, die Zwiebeln waschen, längs halbieren
2 Eßl. Speiseöl	in einer Pfanne erhitzen, die Kartoffeln hineingeben, von allen Seiten anbraten die Frühlingszwiebeln,
etwa 10 junge Knoblauchzehen	ungeschält hinzufügen, etwa 5 Minuten mitbraten lassen, mit
Salz	
frisch gemahlenem schwarzen Pfeffer	
gehackten Thymianblättchen	bestreuen
etwas Wasser	hinzugießen, die Kartoffel-Knoblauch-Pfanne in 10 – 15 Minuten gar dünsten lassen. Gegrillte Nackenkoteletts dazu reichen.

Altdeutsche Kartoffelpfanne

250 g Champignons	putzen, waschen, in Scheiben schneiden
500 g gekochte Kartoffeln	
100 g fetter Speck	beide Zutaten in Würfel schneiden, den Speck auslassen
2 mittelgroße Zwiebeln	abziehen, in Scheiben schneiden, in dem Speckfett glasig dünsten lassen die Champignonscheiben, die Kartoffelwürfel hinzufügen, braun braten lassen
6 Eier	mit
250 ml (¼ l) Milch	verschlagen, mit
Salz	
frisch gemahlenem schwarzen Pfeffer	abschmecken
2 Eßl. feingeschnittenen Schnittlauch	unterrühren, die Eier-Milch über die Kartoffeln geben, stocken lassen, evtl.
Margarine	in die Pfanne geben (die Eiermasse darf nicht trocken werden) wenn die untere Schicht leicht gebräunt ist, das Gericht vorsichtig auf einen vorgewärmten Teller gleiten lassen.
Beigabe:	Rote Bete.

Ungarisches Kartoffelgulasch

1 kg Kartoffeln	schälen, waschen, in etwa 2 cm große Würfel schneiden, auf Haushaltspapier trocknen lassen
50 g fetten Speck	in sehr kleine Würfel schneiden, in
1 Eßl. erhitztem Speiseöl	auslassen
2 Zwiebeln	abziehen, halbieren, fein würfeln, hinzufügen, andünsten lassen
1 Paprikaschote	halbieren, entstielen, entkernen, die weißen Scheidewände entfernen, die Schote waschen, in Streifen schneiden, zu den Zwiebeln geben, mitdünsten lassen die abgetropften Kartoffelwürfel dazugeben
1 Knoblauchzehe	abziehen, zerdrücken, hinzugeben, mit
2 Eßl. Paprika edelsüß	
1 Messerspitze gemahlenem Kümmel	
Salz	würzen
500 ml (½ l) heiße Instant-Fleischbrühe	hinzugießen, zum Kochen bringen, bei schwacher Hitze 25 – 30 Minuten garen lassen
4 Eßl. saure Sahne	unterrühren.

Überbackener Kartoffelring mit Pilz-Ragout

	Für den Kartoffelring
1 kg Kartoffeln	schälen, waschen, in Würfel schneiden, in so viel
Salzwasser	zum Kochen bringen, daß die Kartoffeln bedeckt sind, etwa 15 Minuten kochen lassen, abgießen, abdämpfen, noch heiß durch die Kartoffelpresse drücken oder zerstampfen
75 g Butter	
2 Eier	unterrühren, mit
Salz	
Pfeffer	
geriebener Muskatnuß	würzen, den Kartoffelbrei in einen Spritzbeutel mit großer Sterntülle füllen, einen Kartoffelring in eine gefettete Brat- und Servierpfanne spritzen, die Pfanne auf dem Rost in den vorgeheizten Backofen schieben
Strom:	225 – 250
Gas:	5 – 6
Backzeit:	Etwa 15 Minuten
	für das Pilz-Ragout
50 g durchwachsenen Speck	würfeln, in
1 Eßl. Margarine	auslassen
1 Zwiebel	abziehen, würfeln, im Speckfett andünsten

400 g Champignons	putzen, waschen, in Scheiben schneiden, etwa 5 Minuten dünsten
1 Bund Petersilie	abspülen, trockentupfen, feinhacken, hinzufügen
1 Becher (150 g) saure Sahne	unterrühren, erhitzen, mit
Salz frisch gemahlenem schwarzen Pfeffer Zitronensaft	abschmecken
	das Ragout im Kartoffelring servieren.

Gefüllte Magyaren-Kartoffeln

4 große, mehlige Kartoffeln	waschen, mit einem Holzstäbchen mehrmals einstechen, in reichlich
Salzwasser	geben
1 Eßl. Kümmel	hinzufügen, zum Kochen bringen, in etwa 30 Minuten gar kochen lassen
	die garen Kartoffeln abgießen, etwas abkühlen lassen
	für die Füllung
1 Cabanossa (Knoblauchwurst) (etwa 125 g)	enthäuten, in kleine Würfel schneiden
1 Bund Petersilie	
1 Bund Dill	
	die Kräuter unter fließendem kalten Wasser abspülen, trockentupfen, fein hacken, mit den Wurstwürfeln vermengen
	die Kartoffeln längs halbieren, bis auf einen etwa 1 cm breiten Rand aushöhlen, die Kartoffelmasse mit einer Gabel fein zerdrücken, zu den Fleischwürfeln geben
1 Becher (150 g) Crème fraîche	mit
2 Eigelb	verrühren, zu der Wurst-Kartoffel-Masse geben, vorsichtig verrühren, mit
Salz frisch gemahlenem schwarzen Pfeffer Paprika edelsüß	würzen
	die Masse in die Kartoffel-Hälften füllen
	die Kartoffel-Hälften einzeln locker in Alufolie verpacken, mit der gefalzten Seite nach oben auf den Grillrost legen oder auf dem Rost in den vorgeheizten Backofen schieben
Strom:	Etwa 225
Gas:	4 – 5
Backzeit:	10 – 15 Minuten.
Beigabe:	Gemischter Salat.

Pellkartoffeln in Sahne-Soße

750 g mehlig-kochende Kartoffeln	waschen, in so viel
Wasser	zum Kochen bringen, daß die Kartoffeln bedeckt sind, in 20 – 25 Minuten gar kochen lassen, abgießen, abdämpfen, heiß pellen, in große Würfel schneiden
200 g gekochten Schinken	in Würfel schneiden
	für die Soße
40 g Margarine	zerlassen
40 g Weizenmehl	unter Rühren so lange darin erhitzen, bis es hellgelb ist
375 ml (⅜ l) Milch	hinzugießen, mit einem Schneebesen durchschlagen, darauf achten, daß keine Klumpen entstehen, die Soße zum Kochen bringen, etwa 5 Minuten kochen lassen
250 ml (¼ l) Schlagsahne	in die Soße rühren, Kartoffel- und Schinkenwürfel hinzufügen, erhitzen, mit
Salz	
Pfeffer	
geriebener Muskatnuß	würzen
2 Eßl. gehackten Dill	unterrühren.
Beigabe:	Gemischter Salat.

Kartoffel-Spießchen

6 – 8 Kartoffeln	waschen, mit Wasser zum Kochen bringen, in etwa 20 Minuten knapp gar kochen lassen, abgießen, abdämpfen, pellen, erkalten lassen
3 – 4 kurze, dicke Brühwürste	
	beide Zutaten in etwa 1 cm dicke Scheiben schneiden, abwechselnd auf Spieße stecken, mit
Salz	
Pfeffer	bestreuen
100 g Frühstücks-speckscheiben	um die Spieße wickeln
Speiseöl	erhitzen, die Spieße darin von allen Seiten goldbraun braten, herausnehmen, warm stellen
3 – 4 Zwiebeln	abziehen, in dünne Scheiben schneiden, in dem Bratfett knusprig braun braten, mit den Spießchen anrichten
1 Bund feingehackte Petersilie	darüber streuen.
Beigabe:	Grüner Salat.

Reibekuchen

1 kg Kartoffeln	schälen, waschen, auf einer feinen Reibe reiben, den Brei in ein Tuch geben, kräftig auspressen, mit
150 ml Milch	
3 – 4 Eiern	
3 Eßl. Weizenmehl	
Salz	verrühren (nicht zu schwach salzen)
Speiseöl	erhitzen, den Teig eßlöffelweise hineingeben, flachdrücken, so daß etwa handtellergroße Kuchen entstehen, von beiden Seiten hellbraun und knusprig backen.
Beigabe:	Apfelmus, Kompott oder Salat.

Grüne Kartoffelpuffer mit Sahnechampignons

1½ kg Kartoffeln	schälen, waschen, grob reiben ein Sieb mit einem Küchenhandtuch auslegen, die Kartoffelmasse darauf geben, etwa 10 Minuten abtropfen lassen, die Kartoffel-Flüssigkeit auffangen, das Wasser abgießen, die abgesetzte Stärke zu der Kartoffelmasse geben, mit
125 ml (⅛ l) Milch	
4 Eiern	
Salz, Pfeffer	verrühren
1 Zwiebel	abziehen, reiben, mit
1 Eßl. gehacktem Dill	
2 Eßl. feingeschnittenem Schnittlauch	
2 Eßl. gehackter Petersilie	
1 Eßl. gehackter Zitronenmelisse	unterrühren etwas von
100 g Margarine	in einer Bratpfanne erhitzen so viel von der Kartoffelmasse hineingeben, daß der Pfannenboden dünn bedeckt ist, den Kartoffelpuffer von beiden Seiten knusprig braun braten
300 g Champignons	putzen, waschen, größere Champignons halbieren
1 Zwiebel	abziehen, würfeln
2 Eßl. Margarine	zerlassen, die Zwiebelwürfel darin andünsten, die Champignons hinzufügen, mit Salz, Pfeffer würzen, zugedeckt 8 – 10 Minuten dünsten lassen
1 Becher (150 g) Crème fraîche	hinzufügen, die Flüssigkeit etwas einkochen lassen
2 Eßl. gehackte Petersilie	unterrühren, mit Salz, Pfeffer abschmecken, zu den Kartoffelpuffern reichen.

Apfel-Kartoffel-Auflauf

750 g mehlig-kochende Kartoffeln	schälen, waschen, in Würfel schneiden, in so viel
Salzwasser	zum Kochen bringen, daß die Kartoffeln bedeckt sind, in etwa 15 Minuten gar kochen lassen, abgießen, abdämpfen, mit
125 ml (⅛ l) Milch	pürieren, das Kartoffelpüree mit
Salz frisch gemahlenem weißen Pfeffer geriebener Muskatnuß	würzen
2 mittelgroße Zwiebeln	abziehen, in Scheiben schneiden
2 Eßl. Speiseöl	erhitzen, die Zwiebelscheiben darin etwa 3 Minuten glasig dünsten lassen
500 g geräucherte Blutwurst	enthäuten, in Scheiben schneiden, zu den Zwiebeln geben, etwa 5 Minuten schmoren lassen, mit Salz, weißem Pfeffer würzen
1 – 2 Eßl. gehackte Majoranblättchen oder 1 Teel. gerebelten Majoran	hinzufügen Blutwurst- und Zwiebelscheiben aus dem Fett nehmen, abtropfen lassen, das Fett beiseite stellen
2 mittelgroße säuerliche Äpfel (z. B. Boskop) (etwa 250 g)	schälen, vierteln, entkernen, in dünne Scheiben schneiden eine feuerfeste Form ausfetten, die Hälfte des Kartoffelpürees hineingeben etwas von
3 Eßl. gehackter Petersilie	darüber streuen die Hälfte der Blutwurst- und der Zwiebelscheiben, dann die Apfelscheiben einschichten die restlichen Blutwurst- und Zwiebelscheiben hineingeben, mit dem restlichen Kartoffelpüree bedecken, die restliche Petersilie darüber streuen den Auflauf mit dem zurückgelassenen Bratfett begießen die Form auf dem Rost auf der mittleren Schiene in den vorgeheizten Backofen schieben, den Auflauf goldbraun backen lassen
Strom:	Etwa 200
Gas:	Etwa 3
Backzeit:	Etwa 30 Minuten.
Beigabe:	Gemischter Salat.

Porree-Kartoffel-Auflauf

750 g mehlig-kochende Kartoffeln	waschen, in so viel
Salzwasser	zum Kochen bringen, daß die Kartoffeln bedeckt sind, in 20 – 25 Minuten gar kochen lassen, abgießen, abdämpfen, heiß pellen, erkalten lassen, in Scheiben schneiden
4 Stangen Porree (etwa 500 g)	putzen, das dunkle Grün bis auf etwa 10 cm entfernen, den Porree in etwa 1 cm dicke Scheiben schneiden, gründlich waschen, in
kochendes Salzwasser	geben, zum Kochen bringen, 2 – 3 Minuten kochen, abtropfen lassen
2 mittelgroße Zwiebeln	
2 Knoblauchzehen	beide Zutaten abziehen, fein würfeln
2 Eßl. Speiseöl	erhitzen, Zwiebel- und Knoblauchwürfel darin glasig dünsten lassen
500 g Gehacktes (halb Rind-, halb Schweinefleisch)	unter Rühren darin braun braten lassen, dabei die Fleischklümpchen mit einer Gabel zerdrücken, das Hackfleisch mit
Salz	
frisch gemahlenem schwarzen Pfeffer	
Currypulver	würzen
250 g saure Sahne	mit
2 Eßl. gehackter Petersilie oder feingeschnittenem Schnittlauch	verrühren, mit Salz, Pfeffer würzen eine feuerfeste Form ausfetten, die Hälfte der Kartoffelscheiben und der Porreeringe hineingeben, mit Salz bestreuen die Hälfte der Sahne darauf verteilen, die Hackfleischmasse darauf geben, die restlichen Kartoffelscheiben und Porreeringe einfüllen, mit Salz, schwarzem Pfeffer bestreuen, mit der restlichen Sahne bedecken
50 g geriebenen Emmentaler Käse	darüber streuen
Butter	in Flöckchen darauf setzen die Form auf dem Rost in den vorgeheizten Backofen schieben, den Auflauf goldbraun backen lassen
Strom:	Etwa 200
Gas:	Etwa 3
Backzeit:	Etwa 30 Minuten.
Beigabe:	Grüner Salat.

Himmel und Erde

(Foto Seite 137)

750 g Kartoffeln	schälen, waschen, in Würfel schneiden
375 g Äpfel	schälen, vierteln, entkernen, in Stücke schneiden
375 ml (3/8 l) Wasser	mit
Salz	
Zucker	zum Kochen bringen, die Kartoffelwürfel hineingeben, zum Kochen bringen, etwa 15 Minuten kochen lassen, die Apfelstücke hinzufügen, zum Kochen bringen, in etwa 30 Minuten gar kochen lassen das Gericht mit Salz, Zucker abschmecken, in eine vorgewärmte Schüssel geben
2 große Zwiebeln	abziehen, in Scheiben schneiden
100 g fetten Speck	in Würfel schneiden, auslassen, die Zwiebeln darin bräunen, die Speckzwiebeln über das Gericht verteilen. Bratwurst dazu reichen.

Hackfleisch-Kartoffelröllchen

750 g Kartoffeln	schälen, waschen, in
Salzwasser	zum Kochen bringen, in 20 – 25 Minuten gar kochen lassen, abgießen, abdämpfen, sofort durch die Kartoffelpresse geben, erkalten lassen, mit
2 Eigelb	
1 Teel. Speisestärke	verrühren, mit
Salz	
Muskat	würzen
1 Brötchen	in kaltem Wasser einweichen, gut ausdrücken
50 g durchwachsenen Speck	in feine Würfel schneiden, auslassen
1 Zwiebel	abziehen, fein würfeln, mit
1 Eßl. feingehackter Petersilie	
200 g Gehacktem (halb Rind- halb Schweinefleisch)	zu dem Speckfett geben, unter ständigem Rühren kurz anbraten, Hackfleischmasse, das ausgedrückte Brötchen
2 Eier	
150 ml Schlagsahne	miteinander vermengen, mit Salz, Muskat
Pfeffer	
Paprika edelsüß	abschmecken den Kartoffelteig gut durchkneten, auf einem mit
Weizenmehl	bestreuten Tuch etwa 1 cm dick zu einem Quadrat ausrollen, die Füllung gleichmäßig darauf verteilen, den Teig fest aufrollen, in Scheiben schneiden
Schweineschmalz	erhitzen, Kartoffelscheiben darin goldbraun braten.
Beigabe:	Grüner Salat.

Himmel u. Erde, Rezept S. 136

Spaghetti m. Zucchini-Soße, Rezept S. 148

Spaghetti bolognese, Rezept S. 149

Kartoffelpizza, Rezept S. 141

Kartoffelpizza

(Foto Seite 140)

750 g Kartoffeln schälen, waschen, in dünne Scheiben schneiden, zum Trocknen eine Zeitlang auf Haushaltspapier legen

150 g durchwachsenen Speck in kleine Würfel schneiden, auslassen, die Kartoffelscheiben hinzugeben, etwa 5 Minuten unter mehrmaligem Wenden braten lassen

500 g Tomaten waschen, abtrocknen, in Scheiben schneiden, mit den Kartoffelscheiben vermengen
beide Zutaten gleichmäßig auf einem gefetteten Backblech verteilen, mit

¼ Teel. gerebeltem Oregano
1 Eßl. gehackter Petersilie
Knoblauchsalz
Pfeffer bestreuen, die Pizza mit

250 g Emmentaler Käse gleichmäßig belegen, das Backblech in den vorgeheizten Backofen schieben

Strom: 200 – 225
Gas: 4 – 5
Backzeit: Etwa 25 Minuten
die Pizza in Stücke teilen, heiß servieren.

Kartoffel-Zucchini-Gratin

250 g Pellkartoffeln pellen, in Scheiben schneiden

250 g Zucchini waschen, die Enden abschneiden, die Zucchini in Scheiben schneiden
Kartoffel- und Zucchinischeiben schuppenartig in eine gefettete flache Auflaufform schichten

2 Knoblauchzehen abziehen, durch die Knoblauchpresse geben, mit

250 ml (¼ l) Schlagsahne verrühren, mit

Salz
Pfeffer würzen

gehackte Estragonblättchen unterrühren, über das Gemüse gießen

50 g geriebenen Emmentaler Käse darüber streuen

Butter in Flöckchen darauf setzen
die Form auf dem Rost in den Backofen schieben

Strom: Etwa 225
Gas: Etwa 4
Backzeit: 20 – 25 Minuten.
Frikadellen dazu reichen.

Feiner bunter Kartoffelsalat

750 g Salatkartoffeln	waschen, in so viel
Wasser	zum Kochen bringen, daß die Kartoffeln bedeckt sind, in 20 – 25 Minuten gar kochen lassen, abgießen, abdämpfen, heiß pellen, erkalten lassen
3 hartgekochte Eier	pellen
2 mittelgroße Zwiebeln	abziehen
etwa 300 g Fleischwurst	enthäuten
1 großen, säuerlichen, roten Apfel	waschen, vierteln, entkernen
3 – 4 Gewürzgurken	
	alle Zutaten in kleine Würfel schneiden
	für die Salat-Soße
4 – 5 Eßl. Salatöl	mit
2 Eßl. Kräuteressig	
1 Teel. scharfem Senf	
Salz	
frisch gemahlenem weißen Pfeffer	
Zucker	verrühren die Salatsoße mit den Salatzutaten vermengen
2 Eßl. gehackte Petersilie	unterrühren den Kartoffelsalat einige Stunden durchziehen lassen, evtl. mit Salz nachwürzen.

Kartoffelsalat mit Zunge

1 kg Salatkartoffeln	waschen, in so viel
Wasser	zum Kochen bringen, daß die Kartoffeln bedeckt sind, in 20 – 25 Minuten gar kochen lassen, abgießen, abdämpfen, heiß pellen, in Scheiben schneiden
2 Bund Radieschen	putzen, waschen, mit Haushaltspapier trockentupfen, in Scheiben schneiden
1 – 2 Stengel Staudensellerie (etwa 100 g)	putzen, harte Fäden an der Außenseite der Stengel abziehen, die Stengel waschen, abtrocknen, in feine Streifen schneiden
250 g gekochte Zunge (in Scheiben)	in Streifen schneiden

	für die Salat-Soße
6 Eßl. Salatöl	mit
4 Eßl. Weißweinessig	
250 ml (¼ l) Weißwein	
1 Teel. Zucker	
Salz	
frisch gemahlenem weißen Pfeffer	verrühren, nach Belieben
1 Eßl. feingeschnittenen Schnittlauch	
1 Eßl. feingehackten Dill oder Petersilie	unterrühren
	die Salat-Soße mit den Salatzutaten vermengen, gut durchziehen lassen.

Warmer Kartoffelsalat, Harzer Art

1 kg Salatkartoffeln	waschen, in so viel
Wasser	zum Kochen bringen, daß die Kartoffeln bedeckt sind, in 20 – 25 Minuten gar kochen lassen, abgießen, abdämpfen, heiß pellen, in Scheiben schneiden
	für die Salat-Soße
150 g fetten Speck	in Würfel schneiden, auslassen, das Speckfett durch ein Sieb in eine Schüssel gießen
1 mittelgroße Zwiebel	abziehen, würfeln, mit
125 ml (⅛ l) heißem Wasser	zu dem Speckfett geben, mit
4 – 5 Eßl. Kräuteressig	
Salz	
frisch gemahlenem weißen Pfeffer	
Zucker	verrühren
	die Salat-Soße mit den warmen Kartoffelscheiben vermengen, in den auf 50 Grad (Gas: 8) vorgeheizten Backofen stellen, den Backofen ausschalten, den Kartoffelsalat 30 – 45 Minuten im Backofen durchziehen lassen, ab und zu durchschwenken
	den Kartoffelsalat mit Salz, frisch gemahlenem weißen Pfeffer,
Essig	abschmecken
1 Eßl. feingeschnittenen Schnittlauch	unterrühren.
	Leberkäse und saure Gurken dazu reichen.

Süße Kartoffelpüfferchen

1 Päckchen Trockenhefe	mit
1 Teel. Zucker	
125 ml (⅛ l) lauwarmer Milch	sorgfältig anrühren, etwa 15 Minuten bei Zimmertemperatur stehenlassen
1 kg mehlig-kochende Kartoffeln	schälen, waschen, reiben
2 Eier	
2 gestr. Teel. Salz	und die Hälfte von
500 g gesiebtem Weizenmehl	unterrühren, die Hefe und das restliche Mehl dazugeben
250 g Rosinen oder Korinthen	verlesen, unterrühren den Teig an einem warmen Ort etwa 1 Stunde gehen lassen, ihn gut durchschlagen etwas von
200 ml (⅕ l) Speiseöl	in einer Stielpfanne erhitzen, den Teig eßlöffelweise hineingeben, die Püfferchen auf beiden Seiten goldbraun backen.
Beigabe:	Apfelmus.

Schupfnudeln

1 kg mehlig-kochende Kartoffeln	waschen, mit so viel
Wasser	zum Kochen bringen, daß die Kartoffeln bedeckt sind, in 20 – 25 Minuten gar kochen lassen, abgießen, heiß pellen, erkalten lassen, durch den Fleischwolf drehen die Kartoffelmasse mit
250 – 350 g gesiebtem Weizenmehl	
2 Eiern	vermengen, mit
Salz	
geriebener Muskatnuß	würzen aus dem Teig kleine Röllchen formen, die sich nach beiden Seiten hin verdünnen die Nudeln in
kochendes Salzwasser	geben, zum Kochen bringen, etwa 5 Minuten ziehen lassen, herausnehmen, gut abtropfen lassen, auf einem Küchenbrett oder einem Backblech ausbreiten, erkalten lassen die erkalteten Schupfnudeln portionsweise in siedendem
Pflanzenfett	3 – 5 Minuten ausbacken.
Beigabe:	Kompott oder Zucker und Zimt.

Nudeln

Spaghetti Florentine

Etwa 450 g tiefgekühlten Rahmspinat	bei Zimmertemperatur auftauen lassen
1 Eßl. Margarine	zerlassen
1 Zwiebel	abziehen, würfeln, in dem Fett glasig dünsten lassen, Spinat hinzufügen, etwa 5 Minuten durchdünsten, mit
Salz	würzen, warm stellen
250 g Spaghetti	in
2 – 3 l kochendes Salzwasser	geben
1 Eßl. Speiseöl	hinzufügen, zum Kochen bringen, ab und zu umrühren, in etwa 8 Minuten „kernig" kochen lassen die Spaghetti auf ein Sieb geben, mit warmem Wasser übergießen, abtropfen lassen, mit dem Spinat vermengen, warm stellen
50 – 75 g durchwachsenen Speck	in Würfel schneiden
1 Eßl. Speiseöl	erhitzen, die Speckwürfel darin auslassen
1 – 2 Zwiebeln	abziehen, in Scheiben schneiden, zu den Speckwürfeln geben, bräunen lassen, zu den Spinat-Spaghetti geben
375 g Fleischwurst	enthäuten, in etwa 1 cm dicke Scheiben schneiden
1 – 2 Eßl. Speiseöl	erhitzen, die Fleischwurstscheiben darin von beiden Seiten etwa 5 Minuten braten lassen, auf den Spinat-Spaghetti anrichten, mit
geriebenem Parmesan-Käse	bestreuen.
Beigabe:	Gemischter Salat.

Spaghetti mit Pilz-Soße

	Für die Pilz-Soße
300 g Champignons	putzen, waschen, in Scheiben schneiden
50 g Schinkenspeck	in Streifen schneiden
1 Zwiebel **1 Knoblauchzehe**	beide Zutaten abziehen, würfeln
2 Eßl. Margarine	erhitzen, Speckstreifen, Zwiebel- und Knoblauchwürfel darin andünsten, die Champignons hinzufügen, mit
Salz **Pfeffer**	würzen, etwa 3 Minuten im geschlossenen Topf durchdünsten lassen, weitere 5 – 10 Minuten im offenen Topf dünsten lassen, bis die Flüssigkeit fast verdampft ist
1 Becher (150 g) Crème fraîche	mit
125 ml (⅛ l) Schlagsahne **40 g Parmesan-Käse**	verrühren, zu den Pilzen geben, etwa 5 Minuten ziehen

lassen, sollte die Pilz-Soße zu dünn sein, sie noch einige Minuten auf die gewünschte Beschaffenheit einkochen lassen

2 Eßl. gehackte Petersilie	mit
Basilikumblättchen	unterrühren, die Soße mit Salz, Pfeffer abschmecken
300 g Spaghetti	mit
1 abgezogenen Knoblauchzehe	
1 Eßl. Speiseöl	in
3 – 4 l kochendes Salzwasser	geben, zum Kochen bringen, ab und zu umrühren, in 10 – 12 Minuten „kernig" kochen lassen die Spaghetti auf ein Sieb geben, mit kaltem Wasser übergießen, abtropfen lassen, mit Pilz-Soße servieren.

Spaghetti mit Muscheln

1 kg Miesmuscheln	mehrmals waschen, gründlich bürsten, Bartbüschel entfernen, Muscheln so lange abspülen, bis das Wasser klar bleibt (Muscheln, die sich beim Wässern öffnen, sind ungenießbar) 3 Eßl. von
125 ml (⅛ l) Speiseöl	in einer Pfanne erhitzen, die Muscheln hineingeben, so lange in der geschlossenen Pfanne erhitzen, bis sich die Muscheln öffnen das Muschelfleisch mit einem scharfen Messer oder einer Muschelschale herausnehmen das Muschelwasser beiseite stellen
3 Knoblauchzehen	abziehen, zerdrücken das restliche Speiseöl in einem Topf erhitzen, die zerdrückten Knoblauchzehen hineingeben, Muschelfleisch und -flüssigkeit hinzufügen, zum Kochen bringen, die Flüssigkeit etwas einkochen lassen
1 kg Tomaten	kurze Zeit in kochendes Wasser legen, in kaltem Wasser abschrecken, enthäuten, die Tomaten halbieren, die Stengelansätze entfernen, die Tomaten kleinschneiden, zu dem Muschelfleisch geben, mit
Salz	
Pfeffer	würzen, etwa 10 Minuten kochen lassen
1 – 2 Eßl. gehackte Petersilie	unterrühren
400 g Spaghetti	in
3 – 4 l kochendes Salzwasser	geben, zum Kochen bringen, ab und zu umrühren, in etwa 12 Minuten gar kochen lassen, auf ein Sieb geben, mit kaltem Wasser übergießen, gut abtropfen lassen, mit der Hälfte der Soße vermengen, restliche Soße dazureichen.
Beigabe:	Paprika-Salat.

Spaghetti mit Zucchini-Soße

(Foto Seite 138)

300 g Spaghetti	in
3 – 4 l kochendes Salzwasser	geben, zum Kochen bringen, ab und zu umrühren, in 10 – 12 Minuten „kernig“ kochen lassen die Spaghetti auf ein Sieb geben, mit kaltem Wasser übergießen, abtropfen lassen
	für die Zucchini-Soße
1 Zwiebel **2 Knoblauchzehen**	beide Zutaten abziehen, kleinhacken
500 g Zucchini	waschen, abtrocknen, in Stifte schneiden
4 Eßl. Speiseöl	erhitzen, die drei Zutaten darin etwa 3 Minuten dünsten
1 Packung 8-Kräuter-mischung (tiefgekühlt)	hinzufügen, etwa 1 Minute mitdünsten lassen
125 ml (⅛ l) Schlagsahne	unterrühren, mit
Salz **Pfeffer**	würzen
1 enthäutete Fleischtomate	in Würfel schneiden (Stengelansatz herausschneiden), hinzufügen, kurz miterhitzen.

Spaghetti carbonara

250 g Spaghetti	in
3 l kochendes Salzwasser	geben
1 Eßl. Speiseöl	hinzufügen, zum Kochen bringen, ab und zu umrühren, in etwa 8 Minuten „kernig“ kochen lassen die Spaghetti auf ein Sieb geben, mit kaltem Wasser übergießen, abtropfen lassen
150 g durchwachsenen Speck	in kleine Würfel schneiden
1 Eßl. Butter	erhitzen, die Speckwürfel darin anbraten
2 Becher (je 150 g) Crème fraîche	unterrühren, aufkochen lassen, mit
Salz **Pfeffer** **geriebener Muskatnuß** **Speisewürze**	abschmecken, die Spaghetti hinzufügen, unter Rühren erhitzen
1 Eßl. gehackte Petersilie oder Basilikum	unterheben, nach Belieben mit
geriebenem Parmesan-Käse	bestreuen.

Spaghetti bolognese

(Foto Seite 139)

250 g Spaghetti	in
2 l kochendes Salzwasser	geben, zum Kochen bringen, in etwa 10 Minuten „kernig" kochen lassen, auf ein Sieb geben, mit kaltem Wasser übergießen, abtropfen lassen
2 Zwiebeln	
1 – 2 Knoblauchzehen	
	beide Zutaten abziehen, würfeln
2 Eßl. Speiseöl	erhitzen, Zwiebel- und Knoblauchwürfel darin andünsten
250 g Gehacktes (halb Rind-, halb Schweinefleisch)	hinzufügen, unter ständigem Rühren etwa 5 Minuten anbraten, dabei die Fleischklümpchen zerdrücken, mit
Salz	
Pfeffer	
Paprika edelsüß	würzen
etwa 500 g Tomaten (aus der Dose)	mit dem Saft hinzufügen, die Tomaten etwas zerkleinern
70 g Tomatenmark	
125 ml (⅛ l) Rotwein	hinzufügen, gut verrühren, zum Kochen bringen, die Soße etwa 15 Minuten kochen lassen
1 Teel. gehackte Thymianblättchen	
1 Teel. gehackte Basilikumblättchen	unterrühren, die Spaghetti mit
Parmesan-Käse	bestreuen.

Porree-Spaghetti

750 g Porree	putzen, längs halbieren, in Streifen schneiden, gründlich waschen, abtropfen lassen
250 g Spaghetti	in
2 – 3 l kochendes Salzwasser	geben
1 Eßl. Speiseöl	hinzufügen, zum Kochen bringen, ab und zu umrühren, in etwa 12 Minuten gar kochen lassen etwa 3 Minuten vor Beendigung der Kochzeit die Porreestreifen hinzufügen, mitkochen lassen Spaghetti und Porreestreifen auf ein Sieb geben, mit kaltem Waser übergießen, abtropfen lassen
50 g Butter	zerlassen, leicht bräunen lassen
200 g gekochten Schinken	in Streifen schneiden, mit den Porreenudeln zu der Butter geben, gut durchschwenken, mit
Salz	
Pfeffer	würzen. Dazu Tomaten-Soße reichen.

Ravioli

	Für den Nudelteig
300 g Weizenmehl	auf die Tischplatte sieben, in die Mitte eine Vertiefung eindrücken
2 Eier	mit
2 Eiweiß	
2 Eßl. Speiseöl	
Salz	verschlagen, in die Vertiefung geben, mit einem Teil des Mehls zu einem dicken Brei verarbeiten, von der Mitte aus alle Zutaten schnell zu einem glatten Teig verkneten sollte er kleben, noch etwas
Weizenmehl	hinzufügen den Teig etwa 10 Minuten unter einem feuchten Küchentuch ruhen lassen
	für die Füllung
1 Eßl. Speiseöl	erhitzen
250 g Gehacktes (halb Rind-, halb Schweinefleisch)	unter Rühren darin anbraten, dabei die Fleischklümpchen zerdrücken
1 kleine Zwiebel	
1 Knoblauchzehe	
	beide Zutaten abziehen, fein würfeln
1 mittelgroße Möhre	putzen, schrappen, waschen, grob raspeln die drei Zutaten zu dem Hackfleisch geben, etwa 5 Minuten mitschmoren lassen
2 Eigelb	
1 Eßl. Tomatenmark	
¼ Teel. gerebelten Thymian	unterrühren, die Hackfleischmasse mit
Salz	
Pfeffer	würzen die Hälfte des Nudelteiges mit
Weizenmehl	bestäuben, dünn zu einem Rechteck ausrollen, in der Mitte teilen, eine Hälfte mit einem feuchten Küchentuch abdecken auf die andere Hälfte reihenweise in Abständen von je 4 cm walnußgroße Portionen der Füllung geben mit einem in Wasser getauchten Küchenpinsel zwischen den Häufchen auf dem Teig längs und quer Linien ziehen, so daß kleine Quadrate entstehen (Wasser dient als Bindemittel, deshalb den Teig ausreichend anfeuchten) die zweite Teiglage darauf legen, gut auf die angefeuchteten Linien drücken, mit einem Teigrädchen den Linien folgend die Quadrate ausschneiden die Ravioli auf Pergamentpapier legen, beiseite stellen aus der anderen Hälfte des Nudelteiges und der Füllung in gleicher Weise Ravioli herstellen

5 – 6 l Salzwasser	mit
1 Eßl. Speiseöl	zum Kochen bringen, die Ravioli hineingeben, zum Kochen bringen, vorsichtig umrühren, in 8 – 10 Minuten gar kochen lassen, auf ein Sieb geben, abtropfen lassen, in eine vorgewärmte Schüssel füllen
65 g Butter	zerlassen, über die Ravioli geben, mit
150 g geriebenem Parmesan-Käse	bestreuen, nach Belieben mit
glatter Petersilie	garnieren, sofort servieren.

Lasagne al forno

(Grüne Schichtnudeln)

1 Packung Lasagne-Nudeln	
	die Nudelscheiben einzeln in
1½ l kochendes Salzwasser	geben, zum Kochen bringen, etwa 2 Minuten kochen lassen, in kaltes Wasser legen, darin liegenlassen einen Topf mit
1 abgezogenen Knoblauchzehe	ausreiben
1 große Zwiebel	abziehen, würfeln
1 Eßl. Speiseöl	in dem Topf erhitzen, die Zwiebelwürfel darin glasig dünsten lassen
250 g Gehacktes (halb Rind-, halb Schweinefleisch)	hinzufügen, darin anbraten
3 Eßl. Tomatenmark	unterrühren, durchschmoren lassen, mit
Salz, Pfeffer gerebeltem Rosmarin gerebeltem Oregano gerebeltem Thymian	würzen
	für die Soße
1 Becher (150 g) Crème fraîche	mit
125 ml (⅛ l) Milch 40 g geriebenem Parmesan-Käse	verrühren die Nudeln abtropfen lassen, abwechselnd lagenweise mit der Hackfleischmasse und der Soße in eine gefettete feuerfeste Form füllen die oberste Schicht sollte aus Soße bestehen (Nudeln müssen bedeckt sein)
Butter	in Flöckchen darauf setzen die Auflaufform auf dem Rost in den Backofen schieben
Strom:	200 – 225
Gas:	4 – 5
Backzeit:	Etwa 30 Minuten.

Cannelloni „Rosanella“

(Nudelrollen mit Fleischfüllung)

	Für die Füllung
1 Brötchen	in kaltem Wasser einweichen, gut ausdrücken, mit
250 g Gehacktem (halb Rind-, halb Schweinefleisch)	vermengen, die Masse mit
Salz	
Pfeffer	
gerebeltem Oregano	
gerebeltem Thymian	würzen
etwa 250 g Canneloni	damit füllen (am besten mit Hilfe eines Spritzbeutels oder eines Rührlöffelstiels) die Cannelloni nebeneinander in eine gefettete flache Auflaufform legen
	für die Soße
1 Becher (150 g) Crème fraîche	mit
6 Eßl. Milch	verrühren, mit
Salz	
Pfeffer	
Speisewürze	
gehacktem Basilikum	abschmecken, über die Cannelloni gießen (sie müssen ganz mit der Soße bedeckt sein), mit
1 Eßl. geriebenem Parmesan-Käse	bestreuen
Butter	in Flöckchen darauf setzen, die Form auf dem Rost in den vorgeheizten Backofen schieben
Strom:	175 – 200
Gas:	3 – 4
Backzeit:	Etwa 30 Minuten.

Cannelloni Napoli

(Nudelrollen mit Käsefüllung)

	Für die Füllung
375 g Sahnequark	mit
2 Eiern	
60 g geriebenem Parmesan-Käse	
2 Eßl. gehackter Petersilie	verrühren, mit
gerebeltem Basilikum	
Salz	
Pfeffer	
Paprika edelsüß	würzen, in einen Spritzbeutel füllen, in

175 – 200 g	
Cannelloni	spritzen, diese nebeneinander in eine gefettete, flache Auflaufform legen
	für die Soße
2 Zwiebeln	
2 Knoblauchzehen	
	beide Zutaten abziehen, würfeln
3 Eßl. Speiseöl	erhitzen, Zwiebel- und Knoblauchwürfel darin andünsten
etwa 500 g Tomaten	
(aus der Dose)	in Würfel schneiden, mit dem Saft hinzufügen, mit Salz, Pfeffer,
Zucker	
gerebeltem Oregano	würzen, etwa 5 Minuten kochen lassen, über die Cannelloni verteilen, mit
100 g geraspeltem	
Goudakäse	bestreuen
	die Form auf dem Rost in den Backofen schieben
Strom:	200 – 225 (vorgeheizt)
Gas:	Etwa 4
Backzeit:	Etwa 35 Minuten.

Makkaroni-Auflauf mit Schinken

250 g Makkaroni	in fingerlange Stücke brechen, in
1½ l kochendes	
Salzwasser	geben, zum Kochen bringen, ab und zu umrühren, in etwa 15 Minuten gar kochen lassen, die Nudeln auf ein Sieb geben, mit kaltem Wasser übergießen, abtropfen lassen
200 g gekochten	
Schinken	in kleine Würfel schneiden
60 g Käse	reiben
	Makkaroni, Schinken und Käse abwechselnd lagenweise in eine gefettete Auflaufform füllen, die oberste Schicht soll aus Makkaroni bestehen,
2 Eier	mit
250 ml (¼ l) Milch	
Salz	
Pfeffer	
geriebener	
Muskatnuß	verschlagen, über die Makkaroni gießen
	den Auflauf mit
2 Eßl. Semmelmehl	bestreuen
Butter	in Flöckchen darauf setzen, die Auflaufform auf dem Rost in den vorgeheizten Backofen schieben
Strom:	225 – 250
Gas:	5 – 6
Backzeit:	Etwa 40 Minuten.
Beigabe:	Tomaten-Salat.

Tomaten-Nudel-Auflauf

200 g grüne Nudeln	in
1½ l kochendes Salzwasser	geben, zum Kochen bringen, ab und zu umrühren, etwa 8 Minuten kochen lassen, mit kaltem Wasser übergießen, abtropfen lassen
750 g Tomaten	kurze Zeit in kochendes Wasser legen (nicht kochen lassen), in kaltem Wasser abschrecken, enthäuten, die Stengelansätze entfernen, die Tomaten in Scheiben schneiden
150 g gekochten Schinken	in kleine Stücke schneiden eine Auflaufform ausfetten, Tomatenscheiben, Schinkenwürfel und Nudeln einschichten
3 Eier	mit
125 ml (⅛ l) Milch	verschlagen
2 Eßl. gehackte Petersilie	
2 Eßl. feingeschnittenen Schnittlauch	unterrühren, mit
Salz	
Pfeffer	würzen, über die Nudeln gießen
100 g Käse (in Scheiben)	auf den Nudeln verteilen, die Form auf dem Rost in den Backofen schieben, den Auflauf gegen Ende der Backzeit evtl. mit Alufolie abdecken
Strom:	Etwa 200 (vorgeheizt)
Gas:	Etwa 3
Backzeit:	Etwa 35 Minuten.
Beigabe:	Grüner Salat.

Fettuccine, überbacken

200 g Bandnudeln (Fettucine)	in
1½ l kochendes Salzwasser	geben, zum Kochen bringen, ab und zu umrühren, etwa 8 Minuten kochen lassen, auf ein Sieb geben, mit kaltem Wasser übergießen, abtropfen lassen
2 Zwiebeln	
1 Knoblauchzehe	
	beide Zutaten abziehen, würfeln
1 Eßl. Margarine	zerlassen, Zwiebel- und Knoblauchwürfel darin glasig dünsten lassen
500 g Gehacktes (halb Rind-, halb Schweinefleisch)	hinzufügen, unter Rühren darin anbraten, dabei die Fleischklümpchen etwas zerdrücken das Hackfleisch mit

Salz	
Pfeffer	
Paprika edelsüß	
gerebeltem Thymian	würzen
500 g Tomaten	waschen, abtrocknen, die Stengelansätze entfernen, die Tomaten in Stücke schneiden, zu dem Hackfleisch geben, etwa 5 Minuten mitschmoren lassen, mit Salz, Pfeffer, Paprika würzen ⅔ der Nudeln in eine gefettete feuerfeste Form füllen, die Hackfleischmasse darauf geben, mit den restlichen Nudeln bedecken
100 g geriebenen Käse	darüber streuen
Butter	in Flöckchen darauf setzen, die Form auf dem Rost in den vorgeheizten Backofen schieben
Strom:	225 – 250
Gas:	5 – 6
Backzeit:	35 – 40 Minuten.
Beigabe:	Gemischter Salat.

Nudel-Ragout mit Broccoli

250 g Schleifennudeln	in
3 – 4 l kochendes	
Salzwasser	geben
1 Eßl. Speiseöl	hinzufügen, zum Kochen bringen, ab und zu umrühren, in 10 – 12 Minuten gar kochen lassen, die Nudeln auf ein Sieb geben, mit kaltem Wasser übergießen, abtropfen lassen, warm stellen
500 ml (½ l) Wasser	mit
½ Eßl. Butter	
Salz	
Zucker	zum Kochen bringen
300 g tiefgekühlten	
Broccoli	hineingeben, zum Kochen bringen, in 5 – 6 Minuten gar kochen, abtropfen lassen (Broccoliflüssigkeit auffangen) die Broccoliröschen 1 – 2mal durchschneiden, vorsichtig mit den Nudeln vermengen, warm stellen
125 ml (⅛ l)	
Broccoliflüssigkeit	abmessen, mit
1 Becher (150 g)	
Crème fraîche	verrühren, zum Kochen bringen, einkochen lassen
1 Eigelb	unterrühren (nicht mehr kochen lassen) die Soße mit
frisch gemahlenem	
weißen Pfeffer	
geriebener	
Muskatnuß	kräftig würzen, über die Broccolinudeln geben
etwa 100 g gekochten	
Schinken	kleinschneiden, über die Nudeln geben, sofort servieren.

Landfrauen-Auflauf

(Foto Seite 157)

200 g gelbe und grüne Bandnudeln	mit
1 Eßl. Speiseöl	in
3 l kochendes Salzwasser	geben, zum Kochen bringen, ab und zu umrühren, etwa 8 Minuten kochen lassen, auf ein Sieb geben, mit kaltem Wasser übergießen, abtropfen lassen
500 g Tomaten	kurze Zeit in kochendes Wasser legen (nicht kochen lassen) in kaltem Wasser abschrecken, enthäuten, die Stengelansätze herausschneiden, die Tomaten in Scheiben schneiden
100 g gekochten Schinken (im Stück)	in Würfel schneiden
3 Eier	mit
1 Becher (150 g) Crème fraîche	
4 Eßl. Milch	verrühren, mit
Salz frisch gemahlenem schwarzen Pfeffer geriebener Muskatnuß	abschmecken
½ Bund glatte Petersilie	unter fließendem kalten Wasser vorsichtig abspülen, trockentupfen, fein schneiden oder hacken eine flache, feuerfeste Form ausfetten, eine Schicht Tomatenscheiben hineingeben, mit
Salz frisch gemahlenem schwarzen Pfeffer	und Petersilie bestreuen, die Hälfte der Schinkenwürfel darüber geben, die Nudeln und die restlichen Tomatenscheiben mit den Schinkenwürfeln einschichten, die restlichen Kräuter darüber streuen, mit der Eier-Creme-Masse bedecken, glattstreichen die Form auf dem Rost in den vorgeheizten Backofen schieben
Strom:	Etwa 200
Gas:	Etwa 3
Backzeit:	Etwa 40 Minuten
1 Packung (200 g) Frühlings-Quark oder Grüner Pfeffer-Quark	mit
3 – 4 Eßl. Schlagsahne	verrühren, auf den garen Auflauf geben oder dazureichen.
Beigabe:	Grüner Salat.

Landfrauen-Auflauf, Rezept S. 156

Wurstkörbchen mit Reisfüllung, Rezept S. 168

Leber mit Champignon-Reis, Rezept S. 169

Käsespätzle, Rezept S. 161

Allgäuer Käsespätzle

(Foto Seite 160)

400 g Weizenmehl	in eine Schüssel sieben, in die Mitte eine Vertiefung eindrücken
4 Eier	mit
1 gestr. Teel. Salz	
12 Eßl. Wasser	verschlagen, etwas davon in die Vertiefung geben, von der Mitte aus mit dem Mehl verrühren, nach und nach die übrige Flüssigkeit hinzugießen, darauf achten, daß keine Klumpen entstehen, den Teig so lange mit einem Rührlöffel schlagen, bis er Blasen wirft, den Teig entweder durch einen Spatzenseiher oder durch ein groblöcheriges Sieb (Gemüsedämpfer) portionsweise in
kochendes Salzwasser	geben, zum Kochen bringen, gar kochen lassen (die Spätzle sind gar, wenn sie an der Wasseroberfläche schwimmen), sie dann nochmals aufkochen lassen die Spätzle auf ein Sieb geben, mit kaltem Wasser übergießen, abtropfen lassen, in einer feuerfesten Form im Backofen warm halten, jede Schicht mit etwas von
150 g geriebenem Allgäuer Emmentaler	bestreuen, die oberste Schicht sollte aus Käse bestehen
4 Zwiebeln	abziehen, in Ringe schneiden
50 g Butterschmalz	zerlassen, die Zwiebelringe darin goldgelb dünsten lassen, vor dem Servieren über die Käsespätzle geben.
Beigabe:	Gemischter Salat oder Apfelmus.

Tiroler Krautnudeln

1 kg vorbereiteten Weißkohl	in Streifen schneiden, waschen, gut abtropfen lassen
2 große Zwiebeln	abziehen, würfeln
75 g Schweineschmalz	in einem Topf (möglichst aus Gußeisen) erhitzen, die Zwiebelwürfel darin andünsten das Kraut hinzufügen, mit
Salz, Pfeffer	würzen, unter ständigem Rühren in etwa 25 Minuten leicht bräunen lassen
250 g Bandnudeln	in
2 – 3 l kochendes Salzwasser	geben, zum Kochen bringen, ab und zu umrühren, in etwa 15 Minuten gar kochen lassen die Nudeln auf ein Sieb geben, mit kaltem Wasser übergießen, abtropfen lassen
250 – 300 g Fleischwurst mit Knoblauch	abziehen, halbieren, in Scheiben schneiden, mit den Nudeln zu dem Kraut geben, unter Rühren erhitzen, mit Salz, Pfeffer kräftig abschmecken.
Beigabe:	Gurken-Salat.

Bunter Makkaroni-Salat

250 g gekochte Makkaroni	in mundgerechte Stücke schneiden
2 Gewürzgurken	
100 g Salami	
100 g Emmentaler Käse	
	die drei Zutaten in Streifen schneiden
4 Tomaten	kurze Zeit in kochendes Wasser legen (nicht kochen lassen), in kaltem Wasser abschrecken, enthäuten, die Tomaten halbieren, entkernen, Stengelansätze entfernen
2 säuerliche Äpfel	schälen, vierteln, entkernen
	beide Zutaten in Streifen schneiden
3 – 4 Eßl. Ketchup	mit
2 Eßl. Salatöl	
2 Eßl. Essig	verrühren, mit
Salz, Pfeffer	abschmecken
1 Bund gehackte Petersilie	
1 Bund feingeschnittenen Schnittlauch	unterrühren, mit den Salatzutaten vermengen, gut durchziehen lassen.

Hörnchen-Salat

125 g Hörnchen-Nudeln	in
1 l kochendes Salzwasser	geben, zum Kochen bringen, ab und zu umrühren, in etwa 10 Minuten gar kochen lassen, auf ein Sieb geben, mit kaltem Wasser übergießen, gut abtropfen lassen
100 g Mettwurst	enthäuten, in Scheiben schneiden, halbieren
½ Salatgurke	waschen, abtrockenen, halbieren, entkernen, in Scheiben schneiden
2 Tomaten	kurze Zeit in kochendes Wasser legen (nicht kochen lassen), in kaltem Wasser abschrecken, enthäuten, halbieren, entkernen, die Stengelansätze entfernen, die Tomaten in Würfel schneiden
2 Zwiebeln	
100 g Emmentaler Käse	in Streifen schneiden
½ Kopf Endiviensalat	putzen, in kleine Stücke zerpflücken, waschen, gut abtropfen lassen oder trockenschleudern
4 – 5 Eßl. Salatöl	mit
2 Eßl. Essig	
2 Eßl. Weißwein	
1 Teel. Senf	verrühren, mit
Salz, Pfeffer	
Zucker	
Cayennepfeffer	abschmecken, mit den Salatzutaten vermengen, gut durchziehen lassen, den Salat evtl. mit Salz, Pfeffer, Zucker abschmecken, mit
1 – 2 Eßl. gehacktem Dill	bestreuen.

Reis

Serbisches Reisfleisch

500 g Schweinefleisch (Schulter)	waschen, abtrocknen, in kleine Würfel schneiden
500 g Tomaten	kurze Zeit in kochendes Wasser legen, in kaltem Wasser abschrecken, enthäuten, vierteln
250 g Zwiebeln	abziehen, in Scheiben schneiden
60 g durchwachsenen Speck	in kleine Würfel schneiden, auslassen
1 Eßl. Margarine	hinzufügen, zerlassen, das Fleisch unter Wenden darin bräunen, mit
1 Eßl. gekörnter Brühe Salz frisch gemahlenem schwarzen Pfeffer Cayennepfeffer	würzen, die Zwiebeln hinzufügen, leicht bräunen lassen Tomaten,
750 ml (¾ l) Wasser	hinzufügen, zum Kochen bringen, etwa 25 Minuten gar kochen lassen das Gericht mit Salz, Pfeffer
Paprika extrascharf	abschmecken.
Beigabe:	Grüner Salat.

Reis-Sauerkraut-Auflauf

50 g Schweineschmalz	zerlassen
750 g Sauerkraut	lockerzupfen, kurze Zeit darin miterhitzen
250 ml (¼ l) Wasser 2 kleine Lorbeerblätter Salz Zucker frisch gemahlenen schwarzen Pfeffer gemahlenen Kümmel	hinzufügen, das Sauerkraut in etwa 50 Minuten gar dünsten lassen (es darf keine Brühe mehr im Sauerkraut sein) das Sauerkraut evtl. mit Salz, Zucker, Pfeffer abschmecken
1 l Salzwasser	zum Kochen bringen
125 g Langkornreis	hineingeben, zum Kochen bringen, 12 – 15 Minuten quellen lassen (es muß ständig Dampf aus dem Topf entweichen) den Reis auf ein Sieb geben, mit kaltem Wasser übergießen
1 mittelgroße Zwiebel	abziehen, fein würfeln, so lange in
5 Eßl. Wasser	erhitzen, bis das Wasser verdampft ist

2 Eßl. Schweineschmalz	hinzufügen, zerlassen
375 g Gehacktes (halb Rind-, halb Schweinefleisch)	mit Salz, Pfeffer würzen, in dem Schmalz anbraten, dann den Reis unterheben
2 geräucherte Mettwürstchen	waschen, in Scheiben schneiden
	Sauerkraut, Fleisch, Mettwürstchen abwechselnd in eine mit
Margarine	gefettete Auflaufform füllen, die oberste Schicht muß aus Sauerkraut und Wurstscheiben bestehen
	den Auflauf mit
2 Bechern (je 200 g) saurer Sahne	übergießen
	die Auflaufform auf der mittleren Schiene in den vorgeheizten Backofen schieben
Strom:	225 – 250
Gas:	5 – 6
Backzeit:	30 – 40 Minuten.
Beigabe:	Grüner Salat.

Überbackener Reis

200 g Langkornreis	in
2 – 3 l kochendes Salzwasser	geben, zum Kochen bringen, etwa 12 Minuten kochen lassen, auf ein Sieb geben, mit kaltem Wasser übergießen, gut abtropfen lassen
150 g durchwachsenen Speck	in dünne Scheiben schneiden, eine feuerfeste Form damit auslegen, den Reis einfüllen, mit einem Eßlöffel vier Vertiefungen eindrücken
4 Eier	in die Vertiefungen geben, mit
Salz frisch gemahlenem schwarzen Pfeffer	bestreuen
etwa 200 g Maiskörner (aus der Dose)	abtropfen lassen, darüber verteilen
1 Packung (200 g) Grünen Pfeffer-Quark	darauf geben, glattstreichen, mit
4 Eßl. geriebenem Parmesan-Käse	bestreuen
	die Form auf dem Rost in den vorgeheizten Backofen schieben
Strom:	Etwa 225
Gas:	Etwa 4
Backzeit:	Etwa 30 Minuten.
Beigabe:	Gemischter Salat.

Leber-Risotto

2 mittelgroße Zwiebeln	abziehen, würfeln
50 g Margarine	zerlassen, die Zwiebelwürfel darin glasig dünsten lassen
250 g Langkornreis	hinzufügen, unter Rühren etwa 5 Minuten darin erhitzen von
250 g Chinakohl	die welken Blätter entfernen, die Staude längs halbieren, in dünne Streifen schneiden, waschen, gut abtropfen lassen, zu dem Reis geben, durchdünsten lassen, mit
500 ml (½ l) heißer Instant-Fleischbrühe	auffüllen, zum Kochen bringen, zugedeckt etwa 15 Minuten garen lassen
½ – 1 Teel. Kümmel	unterrühren
500 g Schweine- oder Rinderleber	waschen, mit Haushaltspapier trockentupfen, in Streifen schneiden, in
Weizenmehl	wenden
1 – 2 Eßl. Margarine	erhitzen, die Leberstreifen darin etwa 6 Minuten unter Rühren bräunen lassen, mit
Salz frisch gemahlenem schwarzen Pfeffer	würzen
	die Leberstreifen mit dem Reis-Gemüse vermengen, evtl. nochmals mit Salz und schwarzen Pfeffer abschmecken.
Beigabe:	Gurken-Salat.

Tomaten in Kräuter-Reis

1 Zwiebel	abziehen, würfeln
2 Eßl. Speiseöl	erhitzen, die Zwiebelwürfel darin andünsten
250 g Langkornreis	hinzufügen, unter Rühren durchdünsten lassen
500 ml (½l) heiße Instant-Fleischbrühe	hinzugießen, zum Kochen bringen, etwa 15 Minuten quellen lassen
	die Hälfte von
125 g Mozzarella-Käse	in 16 Stücke schneiden, beiseite legen
	den restlichen Käse in Würfel schneiden, mit
½ Becher (75 g) Kräuter-Crème fraîche 1 Eßl. gemischten, gehackten Kräutern	unter den Reis heben, mit
Salz frisch gemahlenem schwarzen Pfeffer	abschmecken

	den Kräuter-Reis in eine gefettete, große Pfanne geben, glattstreichen
8 Tomaten	waschen, abtrocknen, die Stengelansätze herausschneiden, die Tomaten quer halbieren, nebeneinander mit der Wölbung nach unten so in den Reis setzen, daß sie den Pfannenboden berühren
½ Becher (75 g) Kräuter-Crème fraîche	mit
1 Eßl. gemischten, gehackten Kräutern	verrühren
1 – 2 Knoblauchzehen	abziehen, durchpressen, unterrühren, mit
Kräutern der Provence Salz frisch gemahlenem schwarzen Pfeffer	abschmecken, auf die Tomaten verteilen, auf jede Tomatenhälfte ein Stück von dem zurückbehaltenen Käse geben, etwas in die Creme drücken
	die Pfanne mit einem Deckel bedecken, das Gericht etwa 15 Minuten dünsten lassen.

Pilz-Gemüse-Risotto

1 mittelgroße Zwiebel	abziehen, würfeln
1 Eßl. Butter	zerlassen, die Zwiebelwürfel darin andünsten
250 g Langkornreis	hinzufügen, glasig dünsten
1 Becher (150 g) Kräuter-Crème-fraîche	mit
Instant-Fleischbrühe	auf 500 ml (½ l) Flüssigkeit auffüllen, zu dem Reis gießen, zum Kochen bringen, in etwa 20 Minuten ausquellen lassen
1 Bund Frühlingszwiebeln	putzen, das Grün bis auf 10 – 15 cm abschneiden, die Frühlingszwiebeln waschen, in dünne Ringe schneiden
250 g Champignons	putzen, waschen, große Champignons halbieren oder vierteln,
1 Eßl. Butter	zerlassen, die Frühlingszwiebel-Ringe darin andünsten, die Pilze hinzufügen, kurz durchdünsten, mit
Salz frisch gemahlenem weißen Pfeffer	würzen
300 g tiefgekühlte Erbsen	hinzufügen, im geschlossenen Topf 5 – 7 Minuten dünsten lassen
	den garen Reis,
1 – 2 Eßl. gehackte Petersilie	unterrühren
	das Gemüse-Risotto evtl. nochmals mit Salz, Pfeffer abschmecken.
Beigabe:	Tomaten-Salat.

Wurstkörbchen mit Reisfüllung

(Foto Seite 158)

200 g amerikanischen Langkornreis	mit
gerebeltem Basilikum	in
500 ml (½ l) kochendes Salzwasser	geben, zum Kochen bringen, etwa 10 Minuten quellen lassen
300 g tiefgekühlte Erbsen	hinzufügen, in etwa 5 Minuten garen lassen
2 Eier	mit
2 Eßl. Schlagsahne	verschlagen, mit
Salz	
frisch gemahlenem weißen Pfeffer	abschmecken, unter den Reis ziehen, erhitzen, bis der Reis cremig ist
8 Scheiben Jagdwurst (mit Haut)	in
2 Eßl. Speiseöl	bei starker Hitze anbraten, bis sich die Scheiben wölben die Wurstkörbchen mit einem Teil Erbsen-Reis füllen, den Rest dazureichen.

Reisfleisch mit Pilzen

400 g Champignons	putzen, abspülen, abtropfen lassen, in kleinere Stücke schneiden
1 mittelgroße Zwiebel	abziehen, fein würfeln
2 Eßl. Margarine	zerlassen, die Zwiebelwürfel darin etwa 3 Minuten glasig dünsten lassen
250 g Langkornreis	hinzufügen, unter Rühren etwa 5 Minuten darin anbraten
250 g Gehacktes (halb Rind-, halb Schweinefleisch)	hinzufügen, unter Rühren darin anbraten, dabei die Fleischklümpchen etwas zerdrücken die Pilzstücke,
2 Teel. Currypulver	unterrühren
500 ml (½ l) heiße Instant-Hühnerbrühe	hinzugießen, zum Kochen bringen, in etwa 20 Minuten gar kochen lassen, mit
Salz	würzen
frisch gemahlenem schwarzen Pfeffer	
1 Eßl. abgezogene, gehackte Mandeln	über das Reisfleisch geben.
Beigabe:	Tomaten-Salat.

Leber mit Champignon-Reis

(Foto Seite 159)

150 g Champignons	putzen, waschen, abtropfen lassen, in feine Scheiben schneiden
1 Bund Frühlingszwiebeln	putzen, waschen, vierteln
1 Eßl. Margarine	zerlassen, Champignons und Zwiebeln darin andünsten
200 g amerikanischen Langkornreis	unterrühren
125 ml (⅛ l) Weißwein	
375 ml (⅜ l) Wasser	hinzugießen, mit
Salz	würzen, zum Kochen bringen, in etwa 15 Minuten ausquellen lassen
4 Scheiben Rinderleber	enthäuten, unter fließendem kalten Wasser abspülen, trockentupfen, in
80 g Weizenmehl	wenden
2 Eier	verschlagen, die Leber zunächst darin, danach in
120 g Semmelmehl	wenden
Schmalz	zerlassen, die Leber darin etwa 15 Minuten von beiden Seiten braten, mit Salz
frisch gemahlenem schwarzen Pfeffer	würzen, mit dem Champignon-Reis servieren.
Beigabe:	Gemischter Salat.

Risotto „Pomodoro"

2 Zwiebeln	abziehen, würfeln
5 Eßl. Speiseöl	im offenen Schnellkochtopf erhitzen, die Zwiebelwürfel darin andünsten
3 enthäutete Tomaten	vierteln, in Würfel schneiden, zu den Zwiebeln geben, mitdünsten lassen
250 g Langkornreis	waschen, dazugeben, leicht glasig dünsten lassen
375 ml (⅜ l) Tomatensaft (aus der Dose)	
375 ml (⅜ l) Instant-Fleischbrühe	hinzugießen, mit
Salz	
frisch gemahlenem weißen Pfeffer	
Oregano	würzen, den Schnellkochtopf schließen, in etwa 8 Minuten garen lassen
50 g geriebenen Emmentaler Käse	unter den Reis rühren.
Beigabe:	Endivien-Salat.

Paprika-Reis mit Mettküchlein

2 rote Paprikaschoten	halbieren, entstielen, entkernen, die weißen Scheidewände entfernen, die Schoten waschen, 1½ Schoten in Streifen schneiden
1 mittelgroße Zwiebel	
1 Knoblauchzehe	
	beide Zutaten abziehen, fein würfeln
1 Eßl. Speiseöl	erhitzen, Zwiebeln und Knoblauchzehen darin glasig dünsten lassen
	die Paprikastreifen,
250 g Langkornreis	hinzufügen, unter Rühren kurz anbraten, mit
1 Eßl. Paprika edelsüß	
Salz	würzen
500 ml (½ l) Wasser	hinzugießen, kurz aufkochen lassen, in etwa 15 Minuten ausquellen lassen
	die übrige ½ Schote fein würfeln, unter den garen Reis ziehen
	für die Mettküchlein
500 g Schweinemett	mit
2 Eiern	verkneten, mit
frisch gemahlenem schwarzen Pfeffer	
Zwiebelpulver	
gerebeltem Basilikum	würzen, vier flache Frikadellen aus dem Teig formen
1 Eßl. Speiseöl	erhitzen, die Frikadellen von beiden Seiten etwa 5 Minuten darin braten, auf dem Reis anrichten.

Quark-Reis mit Salbei

250 g Langkornreis	in
etwa 3 l kochendes Salzwasser	geben, zum Kochen bringen, etwa 12 Minuten kochen, gut abtropfen lassen
1 Packung (200 g) Frühlings-Quark	mit
2 Eiern	gut verrühren, unter den Reis heben, warm stellen
150 g Schinkenspeck	in feine Streifen schneiden
etwa 15 Salbeiblättchen	vorsichtig abspülen, trockentupfen
1 Eßl. Butter	zerlassen, Schinkenspeckstreifen und Salbeiblättchen bei schwacher Hitze darin anbraten, mit der Reis-Quark-Masse verrühren, sofort servieren.
Beigabe:	Tomaten-Gurken-Salat.

Möhren-Reis mit grünem Ei

500 g Möhren	putzen, schrappen, waschen, in dünne Scheiben schneiden
1 Eßl. Margarine	zerlassen, die Möhren darin leicht anbraten
1 Eßl. Honig	unterrühren
250 g amerikanischen Langkornreis	hinzufügen, unter Rühren kurz anbraten
500 ml (½ l) Instant-Hühner- oder Fleischbrühe	hinzugießen, kurz aufkochen lassen, in etwa 15 Minuten ausquellen lassen nach Wunsch mit
Salz frisch gemahlenem weißen Pfeffer	würzen
	für die grünen Eier
4 Eier	in
kochendes Wasser	geben, zum Kochen bringen, in 5 Minuten weich kochen lassen die Eier pellen
2 Bund Petersilie	abspülen, trockentupfen, fein hacken die Eier in der Petersilie wälzen, mit dem Möhren-Reis servieren.

Spinat-Reis

250 g Langkornreis	in
kochendes Salzwasser	geben, zum Kochen bringen, in etwa 20 Minuten ausquellen lassen, auf ein Sieb geben, mit kaltem Wasser übergießen, abtropfen lassen
2 mittelgroße Zwiebeln	abziehen, würfeln
50 g Margarine	zerlassen, die Zwiebelwürfel darin andünsten
400 g tiefgekühlten Spinat	unaufgetaut mit
etwas Wasser	hinzufügen, in etwa 20 Minuten gar dünsten lassen, mit
Salz frisch gemahlenem weißen Pfeffer geriebener Muskatnuß	würzen den abgetropften Reis mit dem Spinat vermengen, miterhitzen. Dazu Spiegeleier reichen.

Reispudding mit heißen Kirschen

500 ml (½ l) Milch	mit
Salz	
1 Päckchen Vanillin-Zucker	
1 Stück Stangenzimt	zum Kochen bringen
150 g Milchreis	hineingeben, zum Kochen bringen, in 15 – 20 Minuten ausquellen lassen, erkalten lassen
3 Eigelb	schaumig schlagen, nach und nach
75 g Zucker	
abgeriebene Schale von ½ Zitrone (unbehandelt)	
2 Eßl. Zitronensaft	hinzufügen, so lange schlagen, bis eine cremeartige Masse entstanden ist den Reis,
75 g abgezogene, gehackte Mandeln	unterrühren
3 Eiweiß	steif schlagen, unter die Reismasse heben, in eine dick ausgefettete, mit
Semmelmehl	ausgestreute Puddingform füllen die Form mit dem Deckel verschließen, in einen Topf mit kochendem Wasser setzen, etwa 1 Stunde kochen lassen den Pudding erkalten lassen, vorsichtig auf einen Teller stürzen
etwa 450 g Sauerkirschen (aus dem Glas)	abtropfen lassen, den Saft auffangen, die Kirschen etwas zerkleinern
2 schwach gehäufte Eßl. Speisestärke	mit etwas Kirschsaft anrühren, den restlichen Saft zum Kochen bringen, mit der angerührten Speisestärke binden, die Kirschen hinzufügen, kurze Zeit miterhitzen, heiß zu dem Pudding reichen.

Milchreis

50 g Butter	im offenen Schnellkochtopf zerlassen
250 g Milchreis (Rundkorn)	mit
1 l Milch	
100 g Zucker	
1 Stange Zimt	hinzufügen, gut verrühren den Schnellkochtopf schließen, Milchreis in etwa 10 Minuten garen lassen.
Beigabe:	Gebräunte Butter, Zucker und Zimt, gemischtes Kompott.

Süßer Reis-Auflauf

1 l Milch	mit
Salz	zum Kochen bringen
200 g Milchreis	
(Rundkorn)	hineingeben, zum Kochen bringen, ausquellen lassen (er muß noch körnig sein) den Reis kalt stellen
50 g Butter	schaumig rühren, nach und nach
75 g Zucker	
1 Päckchen	
Vanillin-Zucker	
3 Eier	
2 Tropfen Backöl	
Zitrone	und den Reis hinzufügen
1 Päckchen	
Pudding-Pulver	
Vanille-Geschmack	
2 gestrichene Teel.	
Backpulver	mischen, sieben, unterrühren
1 Eßl. abgezogene	
gemahlene Mandeln	
1 Eßl. Rosinen	zuletzt unter die Masse rühren, sie in eine mit
Margarine	gefettete Auflaufform füllen den Auflauf mit
Semmelmehl	bestreuen
Butter	in Flöckchen darauf setzen, die Auflaufform auf dem Rost in den Backofen schieben
Strom:	200 – 225
Gas:	3 – 4
Backzeit:	40 – 50 Minuten.

Feiner Apfel-Reis

500 g säuerliche Äpfel	
(z. B. Boskop)	schälen, vierteln, entkernen, in Scheiben schneiden
1 l Wasser	mit
50 g Zucker	
Salz	
2 Eßl. Zitronensaft	zum Kochen bringen, die Äpfel
200 g Rundkornreis	hineingeben, zum Kochen bringen, in etwa 40 Minuten ausquellen lassen, mit
Zucker	
Weißwein	abschmecken
1 Becher (150 g)	
Crème fraîche	unterrühren, miterhitzen den Apfel-Reis mit
Zimt-Zucker	abschmecken.

Salat „Schöne Gärtnerin"

100 g Langkornreis	in
1 l kochendes Salzwasser	geben, zum Kochen bringen, in etwa 30 Minuten ausquellen lassen den garen Reis auf ein Sieb geben, mit kaltem Wasser übergießen, gut abtropfen lassen
3 Tomaten	kurze Zeit in kochendes Wasser legen (nicht kochen lassen), in kaltem Wasser abschrecken, enthäuten, die Stengelansätze herausschneiden, die Tomaten vierteln, entkernen, in Streifen schneiden
1 Avocado	halbieren, entsteinen, schälen, in Würfel schneiden
2 hartgekochte Eier	pellen, in Würfel schneiden
100 g Champignons	putzen, waschen, in dünne Scheiben schneiden
100 g gekochten Schinken (in Scheiben)	in Streifen schneiden eine große Salatschüssel mit
1 abgezogenen Knoblauchzehe	ausreiben
	für die Salat-Soße
3 Eßl. Salatöl	mit
4 Eßl. Kräuter-Essig	
3 Eßl. Schlagsahne	verrühren, mit
Salz	
frisch gemahlenem weißen Pfeffer	
Currypulver	würzen, mit den Salatzutaten vermengen den Salat etwa 30 Minuten durchziehen lassen.
Beigabe:	Stangenweißbrot.

Reis-Salat „Olivia"

100 g Kasseler (als Aufschnitt)	in feine Streifen schneiden
1 – 2 Zwiebeln	abziehen, in Scheiben schneiden, in Ringe teilen
100 g spanische grüne Oliven, mit Paprika gefüllt	in Scheiben schneiden
etwa 200 g Maiskörner (aus der Dose)	abtropfen lassen
½ grüne Paprikaschote	entstielen, entkernen, die weißen Scheidewände entfernen, die Schote waschen, in Würfel schneiden
200 g gekochten Langkornreis (etwa 80 g roher Reis)	

	für die Salat-Soße
2 Eßl. Salatöl	mit
3 Eßl. Kräuter-Essig	verrühren, mit
½ Teel. Salz	
frisch gemahlenem	
weißen Pfeffer	würzen, mit den Salatzutaten vermengen den Salat durchziehen lassen, evtl. nochmals mit Pfeffer,
Salz	
Essig	abschmecken
1 Eßl. feingeschnittenen	
Schnittlauch	
1 Eßl. gehackte	
Petersilie	unterrühren.
Beigabe:	Roggen-Brötchen.

Reis-Thunfisch-Salat

250 g Langkornreis	in
2½ l kochendes	
Salzwasser	geben, zum Kochen bringen, in etwa 20 Minuten ausquellen lassen den garen Reis auf ein Sieb geben, mit kaltem Wasser übergießen, gut abtropfen lassen
3 Tomaten	kurze Zeit in kochendes Wasser legen (nicht kochen lassen), in kaltem Wasser abschrecken, enthäuten, die Stengelansätze herausschneiden, die Tomaten in kleine Stücke schneiden
	für die Salat-Soße
3 Eßl. Salatöl	mit
2 Eßl. Wein-Essig	
1 Teel. Senf	verrühren, mit
Salz	
frisch gemahlenem	
schwarzen Pfeffer	
Paprika edelsüß	würzen
2 Eßl. gehackte	
Petersilie	
2 Eßl. feingeschnittenen	
Schnittlauch	unterrühren
etwa 400 g Thunfisch	
(aus der Dose)	abtropfen lassen, zerpflücken, in die Soße geben, mit dem Reis und den Tomatenstücken vermengen den Salat evtl. nochmals mit Salz, schwarzem Pfeffer abschmecken
2 große Tomaten	waschen, abtrocknen, in Scheiben schneiden den Salat mit den Tomatenscheiben,
glatter Petersilie	garnieren.
Beigabe:	Stangenweißbrot.

Deftiger Sommersalat

(Foto Seite 177)

250 g amerikanischen Langkornreis	in
500 ml (½ l) kochendes Salzwasser	geben, zum Kochen bringen, in etwa 15 Minuten ausquellen lassen
850 g Rote Bohnen (aus der Dose)	abspülen, abtropfen lassen
1 Zwiebel	abziehen, würfeln
150 g Schweinebraten-Aufschnitt	in Streifen schneiden
	für die Salat-Soße
2 Knoblauchzehen	abziehen
2 Bund Petersilie	abspülen, trockentupfen, mit den Knoblauchzehen pürieren nach und nach
125 ml (⅛ l) Speiseöl	unterschlagen, mit
2 Eßl. Weinessig	
Salz	abschmecken, die Soße mit den Salatzutaten vermengen.

Erbsen-Reis mit Thunfisch-Soße

(Foto Seite 178)

1 Teel. Speiseöl	erhitzen
250 g amerikanischen Langkornreis	darin anbraten
300 g tiefgefrorene Erbsen	
500 ml (½ l) Instant-Hühnerbrühe	hinzufügen, zum Kochen bringen, in etwa 15 Minuten ausquellen lassen
1 Eßl. gehackte Petersilie	
1 Teel. gehackte Minzeblättchen	unterrühren
	für die Thunfisch-Soße
etwa 200 g Thunfisch in Öl (aus der Dose)	abtropfen lassen, zerpflücken
1 kleine Zwiebel	abziehen, mit dem Thunfisch pürieren, mit
80 g Mayonnaise	
1 Teel. Senf	verrühren, mit
Zitronensaft	
Salz	
Pfeffer	abschmecken, getrennt zum Erbsen-Reis reichen.

Deftiger Sommersalat, Rezept S. 176

Erbsen-Reis, Rezept S. 176

Zwetschenknödel, Rezept S. 186

Kräuter-Plinsen, Rezept S. 187

Mehlspeisen

Kaiserschmarren

100 g Weizenmehl	in eine Schüssel sieben, in die Mitte eine Vertiefung eindrücken
4 Eigelb	mit
Salz	
2 Tropfen Backöl	
Zitrone	
250 ml (¼ l) Milch	verschlagen, etwas davon in die Vertiefung geben, von der Mitte aus Flüssigkeit und Mehl verrühren, nach und nach die übrige Flüssigkeit dazugeben, darauf achten, daß keine Klumpen entstehen
75 g Mandeln	mit
kochendem Wasser	überbrühen, die Haut abziehen, die Mandeln fein mahlen
4 Eiweiß	steif schlagen
75 g Korinthen	
	die drei Zutaten zuletzt unter den Teig heben
	etwas von
60 g Butter oder	
Margarine	zerlassen, den Teig jeweils 1 cm dick hineingeben, auf der Unterseite hellgelb backen
	den Eierkuchen dann mit 2 Gabeln in kleine Stücke zerreißen, diese unter häufigem Wenden gut bräunen, mit
Zucker	
oder Puderzucker	bestreuen
Beigabe:	Apfelmus oder gemischtes Kompott.

Quark-Schmarren

2 Packungen	
(je 200 g)	
Speisequark	mit
3 Eigelb	
4 Eßl. gesiebtem	
Weizenmehl	
½ Teel. Salz	gut verrühren
3 Eiweiß	steif schlagen, unterheben
2 Eßl. Butter	
oder Margarine	zerlassen, die Quark-Masse jeweils 1 cm dick hineingeben, von beiden Seiten goldgelb backen
	den Eierkuchen dann mit 2 Gabeln in kleine Stücke zerreißen, diese unter Wenden gut bräunen, evtl. noch etwas
Butter	hinzufügen
	den Quark-Schmarren mit
gesiebtem	
Puderzucker	bestäuben, sofort servieren.
Beigabe:	Zwetschen-Kompott oder Apfelmus.

Marillenknödel

80 g weiche Butter	geschmeidig rühren
250 g Speisequark, Magerstufe	
4 Eigelb	
Salz	
500 g gesiebtes Weizenmehl	
1 Becher (150 g) saure Sahne	unterrühren, zu einem Teig verkneten, den Teig ausrollen, in 7 x 7 cm große Quadrate schneiden, jedes Teigstück mit bemehlten Händen etwas flach drücken
1 kg Aprikosen (Marillen)	waschen, abtrocknen, evtl. entstielen, den Stein vorsichtig herauslösen
Würfelzucker	in jede Aprikose drücken 1 Aprikose auf jedes Teigstück legen, die gefüllten Teigstücke zu Knödeln formen, in
kochendes Salzwasser	geben, zum Kochen bringen, in etwa 7 Minuten gar ziehen lassen (Wasser muß sich leicht bewegen) die Knödel mit einem Schaumlöffel herausnehmen, abtropfen lassen.
Beigabe:	Vanille-Soße oder gebräunte Butter.

Topfenknödel

2 Packungen (je 200 g) Speisequark, Magerstufe	auf ein Sieb geben, über Nacht abtropfen lassen nach und nach
4 Eier	
Salz	unterrühren
150 g gesiebtes Weizenmehl	nach und nach unter die Quark-Eier-Masse rühren, gut verkneten sollte der Teig kleben, noch etwas Mehl hinzufügen, aus der Masse mit bemehlten Händen Klöße formen, in
2 – 3 l kochendes Salzwasser	geben, zum Kochen bringen, in etwa 20 Minuten gar ziehen lassen.
Beigabe:	Zwetschen-Kompott.
Tip:	Man kann den Speisequark auch auf Haushaltspapier legen, die Flüssigkeit wird dann in wenigen Minuten entzogen. Dabei sollte das Papier mehrmals gewechselt werden.

Sauerkirsch-Auflauf

60 g Butter	
oder Margarine	geschmeidig rühren, nach und nach
125 g Zucker	
1 Päckchen	
Vanillin-Zucker	
2 Eier	
150 g Grieß	unterrühren
125 g Weizenmehl	
3 gestrichene Teel.	
Backpulver	mischen, sieben, abwechselnd mit
250 ml (¼ l) Milch	unterrühren
500 g Sauerkirschen	waschen, entstielen, entsteinen, unter den Teig heben, in eine gefettete Auflaufform füllen auf dem Rost in den vorgeheizten Backofen schieben
Strom:	175 – 200
Gas:	2 – 3
Backzeit:	50 – 60 Minuten.

Grieß-Auflauf

500 ml (½ l) Milch	mit
Salz	zum Kochen bringen, von der Kochstelle nehmen
125 g Grieß	hineinstreuen, unter häufigem Umrühren in 10 – 15 Minuten ausquellen lassen
75 g Butter	
oder Margarine	schaumig rühren, nach und nach
60 g Zucker	
1 Päckchen	
Vanillin-Zucker	
3 Eier	
4 Tropfen Backöl	
Zitrone	hinzufügen
1 Päckchen	
Pudding-Pulver	
Vanille-Geschmack	mit
3 Eßl. kalter Milch	anrühren, mit dem Grießbrei,
1 gestrichenen Teel.	
Backpulver	unterrühren
2 – 3 Eßl. Rosinen	
oder Korinthen	zuletzt unter die Masse heben, in eine mit
Margarine	gefettete Auflaufform füllen, glattstreichen
Butter	in Flöckchen darauf setzen, die Auflaufform auf dem Rost in den Backofen schieben
Strom:	200 – 225
Gas:	3 – 4
Backzeit:	35 – 45 Minuten.

Grießklöße mit Sauerkirschen

100 g Grieß	unter ständigem Rühren in
500 ml (½ l) kochende Milch	streuen, unter häufigem Umrühren aufkochen lassen
	den Grießbrei in 10 – 15 Minuten ausquellen lassen
20 – 30 g Butter	in kleinen Flocken hineingeben, nach und nach
3 Eigelb	
1 Prise Salz	
50 g Zucker	unterarbeiten
4 Stücke Zwieback	zerbröseln
	aus der Grießmasse mit nassen Händen Klöße formen, in den Zwiebackbröseln wälzen
etwa 50 g Butter	in einer Pfanne zerlassen, die Grießklöße darin von beiden Seiten goldbraun braten, warm stellen
500 g Sauerkirschen	waschen, entstielen, entsteinen, mit
Saft und abgeriebener Schale von 1 Zitrone (unbehandelt)	
100 g Zucker	bestreuen
	sobald die Früchte Saft gezogen haben, sie mit
1 Zimtstange	
2 Nelken	zum Kochen bringen
	die Kirschen bei schwacher Hitze etwa 15 Minuten gar dünsten, Zimtstange entfernen, die Sauerkirschen heiß oder kalt mit den heißen Grießklößen servieren.

Großer Mehlkloß mit Backobst

250 g gemischtes Backobst	12 – 24 Stunden in
750 ml (¾ l) Wasser	einweichen, mit dem Einweichwasser,
60 g Zucker	zum Kochen bringen
50 g Margarine	schaumig rühren, nach und nach
50 g Zucker	
2 Eier	
Salz	
1 Tropfen Backöl Zitrone	hinzufügen
250 g Weizenmehl	mit
2 gestrichenen Teel. Backpulver	mischen, sieben, abwechselnd mit
6 Eßl. Milch	unterrühren
	aus dem Teig einen Kloß formen, auf das kochende Backobst legen, ¾ Stunde im zugedeckten Topf, dann noch ¼ Stunde im offenen Topf kochen lassen.

Zwetschenknödel

(Foto Seite 179)

Gut 1½ kg Pellkartoffeln	noch heiß pellen, durch eine Kartoffelpresse geben, bis zum nächsten Tag kalt stellen 1 kg von den durchgepreßten Kartoffeln abwiegen, durch ein Sieb streichen, nach und nach
2 Eier	
60 g Grieß	
80 g gesiebtes Weizenmehl	
Salz	hinzufügen, zu einem glatten Teig verkneten aus dem Teig mit bemehlten Händen 16 – 20 runde Klöße formen
16 – 20 Zwetschen	waschen, entsteinen, je 1 Zwetsche in jeden Kloß drücken, die Klöße in
kochendes Salzwasser	geben, zum Kochen bringen, die Knödel in 10 – 15 Minuten gar ziehen lassen, (das Wasser muß sich leicht bewegen), die Knödel in
Zwieback-Krumen	wälzen die Knödel sofort servieren.
Beigabe:	Gebräunte Butter, Zucker und Zimt.

Quark-Ofenschlupfer

8 Brötchen (vom Vortag)	in dünne Scheiben schneiden
500 g Sahnequark	verrühren
100 g Rosinen	verlesen, unter fließendem kalten Wasser waschen, mit Haushaltspapier trockentupfen die drei Zutaten abwechselnd lagenweise in eine gut gefettete Auflaufform schichten, die oberste Lage soll aus Brötchenscheiben bestehen
750 ml (¾ l) Buttermilch	mit
4 Eiern	
8 Eßl. Zucker	verschlagen, über den Auflauf gießen
100 g Butter	in Flöckchen darauf setzen die Form auf dem Rost in den vorgeheizten Backofen schieben
Strom:	Etwa 200
Gas:	Etwa 3
Backzeit:	50 – 60 Minuten. Die Quark-Ofenschlupfer heiß servieren.
Beigabe:	Mirabellen-Kompott.

Kräuter-Plinsen

(Foto Seite 180)

400 g Sahnequark	auf ein Sieb geben, über Nacht gut abtropfen lassen
8 Eßl. Weizenmehl	mit
4 Eigelb	gut verrühren, den abgetropften Quark unterrühren, mit
Salz	
Pfeffer	würzen
4 Eßl. gemischte, gehackte Kräuter	unterrühren
4 Eiweiß	steif schlagen, unterheben
Speiseöl	in einer Pfanne erhitzen, etwa 1 Eßl. Quark-Teig hineingeben, etwas flachdrücken, von beiden Seiten goldgelb backen bevor die Kräuter-Plinse gewendet wird, etwas Speiseöl in die Pfanne geben die übrigen Kräuter-Plinsen auf die gleiche Weise zubereiten.
Beigabe:	Grüner Salat.

Herzhafter Brot-Auflauf

3 Brötchen	in Würfel schneiden
4 – 6 Eßl. Kräuterbutter	zerlassen, die Brötchen darin goldbraun braten
250 g kleine Champignons	putzen, waschen, abtropfen lassen, größere Pilze evtl. halbieren
etwa 100 g Salami	in Würfel schneiden
2 Zwiebeln	abziehen, fein würfeln
1 – 2 Eßl. Speiseöl	erhitzen, die Zwiebelwürfel darin glasig dünsten lassen Salamiwürfel und Champignons hinzufügen, mitdünsten lassen, mit
Salz	
Pfeffer	würzen, mit den Brötchenwürfeln (einige zurücklassen),
3 – 4 Eßl. gehackten Kräutern (Petersilie, Thymian, Majoran)	verrühren, in eine gefettete feuerfeste Form geben
3 Eier	verschlagen, mit einem Schneebesen unter
1 Packung (200 g) Frühlings-Quark	heben, über die eingefüllte Masse geben, die zurückgelassenen Brötchenwürfel darüber streuen die Form auf dem Rost in den vorgeheizten Backofen schieben
Strom:	200 – 225
Gas:	4 – 5
Backzeit:	Etwa 30 Minuten.

Rezeptverzeichnis
nach Kapiteln

Kochen mit Resten

Überraschungs-Suppe mit Knoblauchbrot . . . 10
Gefüllte Zucchini . . . 10
Gefüllte Knödel in Tomaten-Soße . . . 11
Rouladen-Gratin . . . 11
Gestockte Nudelnester . . . 12
Bunte Brotrolle mit Käse-Soße . . . 12
Reste-Pie . . . 13
Arme Ritter „Cordon bleu" . . . 13
Krümel-Kirsch-Michel . . . 14
Quark-Reis-Auflauf . . . 14

Suppen und Eintöpfe

Schlesische Kartoffel-Suppe . . . 16
Erbsen-Suppe mit Schweinebauch . . . 16
Westfälisches Blindhuhn . . . 21
Grüne Bohnen-Suppe . . . 21
Niederrheinische Erbsen-Suppe . . . 22
Altdeutsche Kartoffel-Suppe . . . 22
Bunte Finken . . . 23
Linsen-Suppe mit Streuseln . . . 24
Quer durch den Garten . . . 24
Porree-Eintopf . . . 25
Steckrüben-Eintopf . . . 25
Borschtsch . . . 26
Suppentopf „Provençale" . . . 26
Ungarische Sauerkraut-Suppe . . . 27
Minestrone . . . 27
Feurige Tomaten-Suppe . . . 28
Paprika-Sahne-Suppe . . . 28
Schwäbische Wurst-Suppe . . . 29
Hühner-Suppe mit Reis . . . 29
Kürbis-Suppe . . . 30
Kohlrabi-Suppe . . . 30
Schälklöße-Suppe . . . 31
Graupen-Suppe . . . 32
Milch-Suppe mit Kartoffelklößchen 32

Eierspeisen

Leinewebers Eierkuchen . . . 34
Spiegelei auf Leberkäse . . . 34
Rührei mit Schnittlauch . . . 35
Omeletts mit chinesischem Gemüse . . . 35
Omelett auf französische Art . . . 36
Bauernomelett . . . 41
Omelett mit Champignonfüllung . . . 41
Gebackene Pfannkuchen-Rollen . . . 42
Pfannkuchen-Auflauf . . . 43
Eier-Frikassee . . . 44
Eier mit Estragon-Soße . . . 44
Pochierte Eier mit Sauerampfercreme . . . 45
Gestockte Eier mit Senf-Soße . . . 45
Eierkuchen mit Äpfeln . . . 46
Aprikosen-Auflauf . . . 46

Fisch

Gefüllte Makrele . . . 48
Würziger Tomaten-Seelachs . . . 48
Zwiebel-Fisch . . . 49
Fischröllchen in Wein-Soße . . . 49
Kabeljau in Knoblauch-Soße . . . 50
Überbackener Rotbarsch . . . 50
Seelachs mit Joghurthaube . . . 51
Gegrilltes Rotbarschfilet . . . 52
Seelachs-Rouladen in Tomaten-Soße . . . 52
Fisch-Frikassee . . . 53
Fisch „Stroganoff" . . . 53
Petersilien-Fisch . . . 54
Fischpudding mit Champignon-Soße . . . 54
Seelachs-Frikadellen . . . 55
Mandel-Fisch mit Frühlings-Quark . . . 56
Fischpfanne „Atlantic" . . . 56
Herings-Quark-Topf . . . 61
Fischstäbchen-Salat . . . 61
Ofenheringe . . . 62
Muscheln, rheinische Art . . . 62

Fleisch

Geschmorte Schweinerippchen . . . 64
Eisbein mit Sauerkraut. 64
Schwarzwälder Schäufele. 65
Schweineschnitzel mit Spiegelei . . 65
Koteletts mit Champignon-Zwiebeln. 66
Schweinekoteletts, paniert 66
Curry-Koteletts 67
Gegrillter Schweinebauch 67
Schaschlik 68
Bratwurst-Spieße 68
Ochsenschwanz mit Staudensellerie 69
Geschnetzeltes in Sahne-Soße 69
Bunter Gulaschtopf 70
Ungarisches Gulasch 70
Szegediner Gulasch 71
Nieren mit Schinken 72
Rinderherz-Ragout. 72
Leberpfanne mit Salbei 73
Leberrouladen 74
Leberle, sauer 74
Leberknödel. 75
Leber Berliner Art 75
Hackbraten mit grünem Pfeffer . . . 76
Bayerischer Wurstsalat. 81
Bäuerlicher Fleischpudding 81
Hackfleisch-Spieße 82
Königsberger Klopse 82
Kräuter-Frikadellen 83
Würstchen im Hemd 84
Sülze 84

Geflügel

Huhn in Rotwein 86
Poularde mit Leberfüllung 86
Salbei-Hähnchen 87
Paprika-Hähnchen 88
Backhendl 88
Schmorhähnchen mit Aprikosen. . . 89
Knoblauch-Hühnchen 89
Poularde mit Kräuterfüllung. 90
Huhn mit Zitronensoße 90
Huhn nach Art der Normandie 91
Reis-Hähnchen. 92
Hähnchenkeulen in Sherry-Soße . . 92
Hühner-Curry. 93
Puten-Geschnetzeltes in Sahne-Soße 94
Feines Hühner-Frikassee 94
Hühnerbrust in feiner Pfeffer-Soße. 95
Geflügel-Schaschlik. 96
Poulardengulasch. 96
Hähnchen-Paella 101
Mandel-Hähnchen 101
Katalonisches Schmorhähnchen. . . 102
Geflügelkeulen mit Möhren 102
Chinesische Leberpfanne 103
Putenschnitzel mit Pfirsichen 104
Poularde im Zwiebelbett 104

Gemüse

Ratatouille 106
Kohlrabi-Gemüse mit Kräuter-Quark 106
Dicke Bohnen-Ragout 107
Deftiger Gemüse-Eintopf. 108
Lauch-Gemüse mit Schwartemagen 108
Wirsing mit Champignons 109
Gurken-Gemüse mit Hack 109
Schwäbisches Linsen-Gemüse 110
Steckrüben mit Schweinebauch . . . 110
Stielmus. 111
Zucchini-Gemüse mit Mettklößchen 111
Spinat mit Eier-Sahne-Soße 112
Gefüllte Paprikaschoten 112
Chinakohl mit Tomaten 113
Rosenkohl mit Quark-Haube 114
Römische Zucchini 114
Kohlrouladen 115
Knoblauch-Tomaten. 116
Gefüllte Mangoldröllchen 116
Kohl-Quiche 121
Porree-Torte. 121
Zwiebelkuchen mit Tomaten 122
Walliser Gratin. 123
Erbsen-Auflauf 124
Blumenkohl-Auflauf mit Käsehaube 124
Bunter Quark-Gemüsetopf 125
Schwarzwurzeln, überbacken 126

Kartoffeln

Kümmel-Kartoffeln mit Quark 128
Kartoffelpfanne "Espagna". 128
Kartoffel-Knoblauch-Pfanne 129
Altdeutsche Kartoffelpfanne. 129
Ungarisches Kartoffelgulasch. 130
Überbackener Kartoffelring mit Pilz-Ragout 130
Gefüllte Magyaren-Kartoffeln 131
Pellkartoffeln in Sahne-Soße 132
Kartoffel-Spießchen 132
Reibekuchen 133
Grüne Kartoffelpuffer mit Sahnechampignons 133
Apfel-Kartoffel-Auflauf 134
Porree-Kartoffel-Auflauf 135
Himmel und Erde. 136
Hackfleisch-Kartoffelröllchen 136
Kartoffelpizza 141
Kartoffel-Zucchini-Gratin 141
Feiner bunter Kartoffelsalat 142
Kartoffelsalat mit Zunge 142
Warmer Kartoffelsalat, Harzer Art . 143
Süße Kartoffelpüfferchen 144
Schupfnudeln. 144

Nudeln

Spaghetti Florentine. 146
Spaghetti mit Pilz-Soße 146
Spaghetti mit Muscheln 147
Spaghetti mit Zucchini-Soße 148
Spaghetti carbonara 148
Spaghetti bolognese 149
Porree-Spaghetti 149
Ravioli. 150
Lasagne al forno 151
Cannelloni „Rosanella" 152
Cannelloni Napoli 152
Makkaroni-Auflauf mit Schinken. . 153
Tomaten-Nudel-Auflauf 154
Fettuccine, überbacken. 154
Nudel-Ragout mit Broccoli 155
Landfrauen-Auflauf 156
Allgäuer Käsespätzle 161
Tiroler Krautnudeln 161
Bunter Makkaroni-Salat. 162
Hörnchen-Salat 162

Reis

Serbisches Reisfleisch 164
Reis-Sauerkraut-Auflauf 164
Überbackener Reis. 165
Leber-Risotto. 166
Tomaten in Kräuter-Reis 166
Pilz-Gemüse-Risotto 167
Wurstkörbchen mit Reisfüllung . . . 168
Reisfleisch mit Pilzen 168
Leber mit Champignon-Reis 169
Risotto „Pomodoro". 169
Paprika-Reis mit Mettküchlein. . . . 170
Quark-Reis mit Salbei 170
Möhren-Reis mit grünem Ei. 171
Spinat-Reis 171
Reispudding mit heißen Kirschen. . 172
Milchreis 172
Süßer Reis-Auflauf 173
Feiner Apfel-Reis. 173
Salat „Schöne Gärtnerin" 174
Reis-Salat „Olivia". 174
Reis-Thunfisch-Salat 175
Deftiger Sommersalat 176
Erbsen-Reis mit Thunfisch-Soße . . 176

Mehlspeisen

Kaiserschmarren 182
Quark-Schmarren. 182
Marillenknödel. 183
Topfenknödel 183
Sauerkirsch-Auflauf. 184
Grieß-Auflauf 184
Grießklöße mit Sauerkirschen 185
Großer Mehlkloß mit Backobst . . . 185
Zwetschenknödel 186
Quark-Ofenschlupfer 186
Kräuter-Plinsen 187
Herzhafter Brot-Auflauf. 187

A

Allgäuer Käsespätzle 161
Altdeutsche Kartoffel-Suppe 22
Altdeutsche Kartoffelpfanne...... 129
Apfel-Kartoffel-Auflauf......... 134
Apfel-Reis, feiner 173
Aprikosen-Auflauf............. 46
Arme Ritter "Cordon bleu" 13

B

Backhendl 88
Bäuerlicher Fleischpudding 81
Bauernomelett 41
Bayerischer Wurstsalat.......... 81
Blumenkohl-Auflauf mit
Käsehaube 124
Borschtsch.................. 26
Bratwurst-Spieße.............. 68
Brot-Auflauf, herzhafter......... 187
Brotrolle, bunte, mit Käse-Soße ... 12
Bunte Finken 23

C

Cannelloni „Rosanella" 152
Cannelloni Napoli 152
Chinakohl mit Tomaten 113
Chinesische Leberpfanne........ 103
Curry-Koteletts 67

D

Deftiger Gemüse-Eintopf........ 108
Deftiger Sommersalat 176
Dicke Bohnen-Ragout 107

E

Eier, gestockte, mit Senf-Soße 45
Eier mit Estragon-Soße 44
Eier-Frikassee 44
Eierkuchen, Leinewebers 34
Eierkuchen mit Äpfeln.......... 46
Eisbein mit Sauerkraut.......... 64
Erbsen-Auflauf 124
Erbsen-Reis mit Thunfisch-Soße .. 176
Erbsen-Suppe mit Schweinebauch . 16
Erbsen-Suppe, niederrheinische ... 22

F

Feiner Apfel-Reis............. 173
Feiner bunter Kartoffelsalat 142
Fettuccine, überbacken.......... 154
Fisch „Stroganoff" 53
Fisch-Frikassee 53
Fischpfanne „Atlantic".......... 56
Fischpudding mit
Champignon-Soße............. 54
Fischröllchen in Wein-Soße 49
Fischstäbchen-Salat 61
Fleischpudding, bäuerlicher 81

G

Gebackene Pfannkuchen-Rollen... 42
Geflügel-Schaschlik............ 96
Geflügelkeulen mit Möhren 102
Gefüllte Knödel inTomaten-Soße .. 11
Gefüllte Magyaren-Kartoffeln 131
Gefüllte Makrele 48
Gefüllte Mangoldröllchen 116
Gefüllte Paprikaschoten......... 112
Gefüllte Zucchini............. 10
Gegrillter Schweinebauch 67
Gegrilltes Rotbarschfilet......... 52
Gemüse-Eintopf, deftiger........ 108
Geschmorte Schweinerippchen ... 64
Geschnetzeltes in Sahne-Soße 69
Gestockte Eier mit Senf-Soße 45
Gestockte Nudelnester.......... 12
Graupen-Suppe 32
Grieß-Auflauf 184
Grießklöße mit Sauerkirschen 185
Grüne Bohnen-Suppe........... 21
Grüne Kartoffelpuffer mit
Sahnechampignons 133
Gulasch, ungarisches 70
Gulasch, Szegediner............ 71
Gulaschtopf, bunter 70
Gurken-Gemüse mit Hack 109

H

Hackbraten mit grünem Pfeffer ... 76
Hackfleisch-Kartoffelröllchen 136
Hackfleisch-Spieße 82
Hähnchen-Paella 101
Hähnchenkeulen in Sherry-Soße .. 92
Herings-Quark-Topf............ 61
Himmel und Erde.............. 136
Hörnchen-Salat 162
Huhn in Rotwein 86
Huhn mit Zitronensoße 90
Huhn nach Art der Normandie 91
Hühner-Curry................. 93
Hühner-Frikassee, feines 94
Hühner-Suppe mit Reis 29
Hühnerbrust in feiner Pfeffer-Soße. 95

K

Kabeljau in Knoblauch-Soße 50
Käsespätzle, Allgäuer........... 161
Kaiserschmarren 182
Kartoffel-Knoblauch-Pfanne 129
Kartoffel-Pfanne, altdeutsche..... 129
Kartoffel-Spießchen............ 132
Kartoffel-Zucchini-Gratin 141
Kartoffelgulasch, ungarisches..... 130
Kartoffelpfanne "Espagna"....... 128
Kartoffelpizza 141
Kartoffelpüfferchen, süße........ 144
Kartoffelpuffer, grüne, mit
Sahnechampignons 133
Kartoffelring, überbackener, mit
Pilz-Ragout 130
Kartoffelsalat, feiner bunter 142
Kartoffelsalat, warmer, Harzer Art . 143
Kartoffelsalat mit Zunge 142
Kartoffel-Suppe, altdeutsche 20
Kartoffel-Suppe, schlesische 16
Katalonisches Schmorhähnchen ... 102
Knoblauch-Hühnchen 89
Knoblauch-Tomaten........... 116
Knödel, gefüllte, in Tomaten-Soße. 11
Kohl-Quiche 121
Kohlrabi-Gemüse mit
Kräuter-Quark 106
Kohlrabi-Suppe 30
Kohlrouladen 115
Königsberger Klopse 82
Koteletts mit
Champignon-Zwiebeln.......... 66
Kräuter-Frikadellen 83
Kräuter-Plinsen 187
Krautnudeln, Tiroler........... 161
Krümel-Kirsch-Michel.......... 14
Kümmel-Kartoffeln mit Quark.... 128
Kürbis-Suppe................ 30

L

Landfrauen-Auflauf 156
Lasagne al forno 151
Lauch-Gemüse mit Schwartemagen 108
Leber Berliner Art 75
Leber mit Champignon-Reis 169
Leber-Risotto................ 166
Leberknödel................. 75
Leberle, sauer 74
Leberpfanne, chinesische 103
Leberpfanne mit Salbei 73
Leberrouladen 74
Leinewebers Eierkuchen 34
Linsen-Gemüse, schwäbisches 110
Linsen-Suppe mit Streuseln 24

M

Magyaren-Kartoffeln, gefüllte 131
Makkaroni-Auflauf mit Schinken.. 153
Makkaroni-Salat, bunter......... 162
Makrele, gefüllte 48
Mandel-Fisch mit Frühlings-Quark 56
Mandel-Hähnchen 101
Mangoldröllchen, gefüllte 116
Marillenknödel............... 183
Mehlkloß, großer, mit Backobst... 185
Milch-Suppe mit Kartoffelklößchen 32
Milchreis 172
Minestrone.................. 27
Möhren-Reis mit grünem Ei...... 171
Muscheln, rheinische Art 62

N

Niederrheinische Erbsen-Suppe . . . 22
Nieren mit Schinken 72
Nudel-Ragout mit Broccoli 155
Nudelnester, gestockte 12

O

Ochsenschwanz mit Staudensellerie 69
Ofenheringe 62
Omelett auf französische Art 36
Omelett mit Champignonfüllung . . 41
Omeletts mit chinesischem Gemüse 35

P

Paprika-Hähnchen 88
Paprika-Reis mit Mettküchlein 170
Paprika-Sahne-Suppe 28
Paprikaschoten, gefüllte 112
Pellkartoffeln in Sahne-Soße 132
Petersilien-Fisch 54
Pfannkuchen-Auflauf 43
Pfannkuchen-Rollen, gebackene . . . 42
Pilz-Gemüse-Risotto 167
Pochierte Eier mit Sauerampfercreme 45
Porree-Eintopf 25
Porree-Kartoffel-Auflauf 135
Porree-Spaghetti 149
Porree-Torte 121
Poularde im Zwiebelbett 104
Poularde mit Kräuterfüllung 90
Poularde mit Leberfüllung 86
Poulardengulasch 96
Puten-Geschnetzeltes in Sahne-Soße 94
Putenschnitzel mit Pfirsichen 104

Qu

Quark-Gemüsetopf, bunter 125
Quark-Ofenschlupfer 186
Quark-Reis mit Salbei 170
Quark-Reis-Auflauf 14
Quark-Schmarren 182
Quer durch den Garten 24

R

Ratatouille 106
Ravioli 150
Reibekuchen 133
Reis, überbackener 165
Reis-Auflauf, süßer 173
Reis-Hähnchen 92
Reis-Salat „Olivia" 174
Reis-Sauerkraut-Auflauf 164
Reis-Thunfisch-Salat 175
Reisfleisch mit Pilzen 168
Reispudding mit heißen Kirschen . . 172
Reste-Pie 13
Rinderherz-Ragout 72
Risotto „Pomodoro" 169
Römische Zucchini 114
Rosenkohl mit Quark-Haube 114
Rotbarsch, überbackener 50
Rotbarschfilet, gegrilltes 52
Rouladen-Gratin 11
Rührei mit Schnittlauch 35

S

Salat „Schöne Gärtnerin" 174
Salbei-Hähnchen 87
Sauerkirsch-Auflauf 184
Sauerkraut-Suppe, ungarische 27
Schälklöße-Suppe 31
Schaschlik 68
Schlesische Kartoffelsuppe 16
Schmorhähnchen mit Aprikosen . . . 89
Schupfnudeln 144
Schwäbische Wurst-Suppe 29
Schwäbisches Linsen-Gemüse 110
Schwarzwälder Schäufele 65
Schwarzwurzeln, überbacken 126
Schweinebauch, gegrillter 67
Schweinekoteletts, paniert 66
Schweinerippchen, geschmorte . . . 64

Schweineschnitzel mit Spiegelei . . 65
Seelachs mit Joghurthaube 51
Seelachs-Frikadellen 55
Seelachs-Rouladen in
Tomaten-Soße 52
Serbisches Reisfleisch 164
Sommersalat, deftiger 176
Spaghetti bolognese 149
Spaghetti carbonara 148
Spaghetti Florentine 146
Spaghetti mit Muscheln 147
Spaghetti mit Pilz-Soße 146
Spaghetti mit Zucchini-Soße 148
Spiegelei auf Leberkäse 34
Spinat mit Eier-Sahne-Soße 112
Spinat-Reis 171
Steckrüben mit Schweinebauch . . . 110
Steckrüben-Eintopf 25
Stielmus 111
Sülze 84
Suppentopf „Provençale" 26
Süße Kartoffelpüfferchen 144
Süßer Reis-Auflauf 173
Szegediner Gulasch 71

T

Tiroler Krautnudeln 161
Tomaten in Kräuter-Reis 166
Tomaten-Nudel-Auflauf 154
Tomaten-Seelachs, würziger 48
Tomaten-Suppe, feurige 28
Topfenknödel 183

U

Überbackener Kartoffelring mit
Pilz-Ragout 130
Überbackener Reis 165
Überbackener Rotbarsch 50
Überraschungs-Suppe mit
Knoblauchbrot 10
Ungarische Sauerkraut-Suppe 27
Ungarisches Gulasch 70
Ungarisches Kartoffelgulasch 130

W

Walliser Gratin 123
Warmer Kartoffelsalat, Harzer Art . 143
Westfälisches Blindhuhn 21
Wirsing mit Champignons 109
Würstchen im Hemd 84
Wurstkörbchen mit Reisfüllung . . . 168
Wurstsalat, bayerischer 81
Wurst-Suppe, schwäbische 29

Z

Zucchini, gefüllte 10
Zucchini-Gemüse mit
Mettklößchen 111
Zucchini, römische 114
Zwetschenknödel 186
Zwiebel-Fisch 49
Zwiebelkuchen mit Tomaten 122